마음을 열고 보는 성공학 비결

행복은 어디에서 오는가

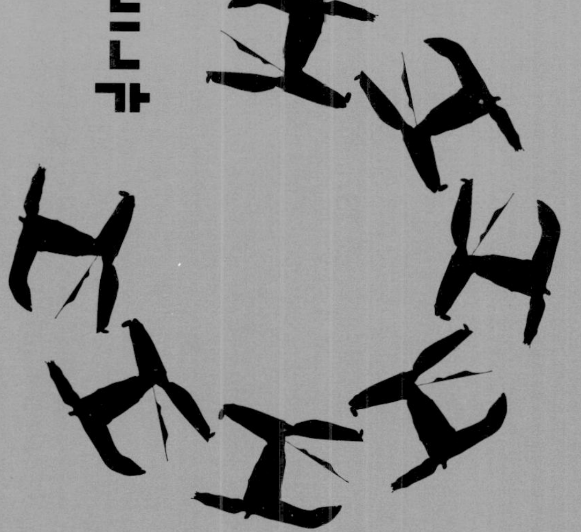

도체 부부 지음   혜전 옮김

도서출판 한강수

지은이 소개

C.K 도체

독일에서 태어난 도체 박사는 체코슬로바키아의
프라하 대학 및 플로리다 대학을 졸업한 후, 제2차
세계대전과 한국 전쟁 기간 중 미국 육군과 공군의
정보장교로 근무했다. 이후 하버드 대학 및 남가주
대학을 졸업하였으며 라이프찌히 대학에서 심리학을
전공, 철학박사 학위를 받았다.
그의 아내인 조올마리 도체 역시 특수교육 과정을 통해
관련 지식을 탐구해서 몇가지 명예학위를 받았다.

저자와의
협의하에
인지생략

마음을 열고 보는 성공학 비결
행복은 어디에서 오는가

초판 1쇄 발행 —— 1994년 3월 7일
초판 2쇄 발행 —— 1994년 6월 15일

지 은 이 —— 도체 부부
옮 긴 이 —— 혜전 스님
펴 낸 이 —— 고병완

펴 낸 곳 —— 도서출판 한강수
　　　　　　　138-190 서울 송파구 석촌동 157-2
　　　　　　　대표전화 (02) 421-3161
　　　　　　　팩시밀리 (02) 420-3400

ISBN 89-85411-06-3
등 록 일 —— 1992년 10월 27일
등록번호 —— 제22-133호

◉ 잘못된 책은 바꾸어 드립니다.

값 4,500원

행복이는 어디에서 오느냐

도서출판 한강수

감사의 말

이 책은 많은 연구, 경험, 그리고 희생을 거쳐서 만든 것이며 또 기사의 게재나 인용을 허가해준 많은 분들의 협력이 없었다면 완성될 수 없었다. 그분들께 마음으로부터 진정 감사의 말씀을 드린다.

그리고 우리들이 연구한 원리와 법칙을 믿고 실제로 사용하여 입증해준 분들에 대해서도 특히 감사의 말씀을 드리고 싶다.

J.M.Teutsch
C.K.Teutsch

도서출판 한강수

"행복은 가지고 싶은 것을 가진다든가, 되고 싶은 것이 된다든가, 하고 싶은 것을 한다든가 해서 오지 않는다. 지금 가지고 있는 것, 지금의 자기 자신, 지금 하고 있는 것 등을 당신이 좋아하게 됨으로부터 생겨나는 것이다."

(본문 중에서)

현대를 살아가고 있는 우리들은 너무 밖으로만 치닫는 경향이 짙은 것 같다. 진정한 행복이란 자기가 좋아하는 색깔로 인생을 물들여 갈 때 바로 거기서 생긴다는 것을 우리는 알아야 한다.

성공도 또한 마찬가지다. 자기에게 어울리지 않는 어떤 절대적인 성공을 추구한다면 항상 공허할 뿐이다. 현재의 자기를 바로 알고 거기에 가장 잘 어울리는 모습으로 살아가는 사람이 곧 성공자인 것이다.

현대인들은 쉽게 절망하여 적당히 자기 자신과 타협을 하기도 한다. 또 '나는 쓸모없는 인간이다' '나는 할 수 없다' '불가능하다' '시간이 모자란다'는 가지가지의 부정적인 생각을 하기도 한다. 이것은 마치 자기 자신에게 '너는 쓸모없는 인간이다'라고 속삭이는 것과 마찬가지이다.

의식을 변화시키자. '나는 할 수 있다' '가능하다' '시간이 있다'는 식의 긍정적인 방향으로 생각하면 마음은 또 그렇게 자기 자신에게 속삭이며 기회를 제공해 줄 것이다.

"인생은 시계추나 파도처럼 극단에서 극단으로 흔들거리며 움직인다. 만약 당신의 상태가 지금까지는 불행으로 점철되었다든지 실패로 인하여 재기불능의 나락에 떨어져 있다고 해도 다시 한번 용기를 가져 보는 것이 중요하다. 일각은 다시 태어나는 순간들이다. 지금의 당신이 되기까지는 수십 년의 세월을 필요로 했다. 그러나 행복한 삶에로, 행복한 당신으로, 더욱 위대한 당신으로 다시 태어나는 데에는 그보다 훨씬 짧은 시간만으로도 충분하다." (본문 중에서)

오늘은 새로운 하루이다. 이 신생(新生)의 오늘을 기뻐하고 깨어있는 마음으로 자기와 주변을 이해하며 넉넉한 가슴으로 받아들이자.

나는 이 책이 내가 속한 불가(佛家)의 선(禪)을 가장 서구적이고 합리적이며 서구인들의 취향에 맞게 적절히 고쳐 쓴 서구식 선서(禪書)라 생각한다. 그렇기에 이 책을 선(禪)에 관심이 있어도 한문투의 선서(禪書)에서 미리 질려 버리거나 사전 아무런 지식없이 막바로 참선수행에 들어가 버리는 서구화된 젊은 선수행자들에게는 한번쯤 꼭 읽어볼 필요가 있다고 생각한다.

또한 선(禪)이 아니라고 해도 올바른 가치관이나 세

계관을 창조하고자 하는 분들이나 활기차게 살아가고자
하는 사람들에게는 자신들이 원초적으로 가지고 있는
활력을 발견하게 하는 힘을 이 책 곳곳에서 찾을 수 있
음을 강조하고 싶다.

　그런 힘을 갖추고 있기에 이 책은 일본판이 나온지
18년이 지난 오늘까지도 꾸준히 읽히는 스테디셀러가
되고 있으며, 이 책이 처음 출판된 미국에서도 오늘날
‘마음의 힘’을 의지하는 새로운 풍조가 유행하고 있음을
눈여겨 보게 된다.

　나는 이 책을 번역하며, 우리나라에서도 마음공부를
함으로써 자기 변혁을 꿈꾸는 많은 사람들에게 작게나
마 도움이 되길 진심으로 기원한다.

　끝으로 이 책을 옮기는 과정에서 나가오가 준지의
『トーチェ氏の 心の 法則』을 참고했음을 밝혀두며 이
책이 나오기까지 물심양면으로 도와주신 부산 관음선행
회 회원 여러분과 법륜행·미미소 보살님, 은정 엄마에
게 감사드리며 교정을 봐주신 서광스님과 특히 일진스
님께 감사드린다.

　언제나 여여(如如)한 모습으로 말씀없이 가르쳐주시
며 길을 열어 보이시는 은사 정일스님께 항상 가까이서
모시지 못함을 안타깝게 생각하며 이 책을 바친다.

갑술년 정월 열엿새날

혜전 拜上

서문

　이 책은 결혼생활이나 직장생활 등 생활의 전반에 걸쳐서 보다 더 큰 행복을 얻기 위해 간단하면서도 실용적이고 유효한 원리를 알고 싶어 하는 많은 독자의 요망에 부응해서 준비한 것이다. 관련된 문제점의 거의 대부분은 현재 상세히 검토하고 있지만 그 완성을 기다리는 사이에 이번에 이 작은 책자를 발간할 것을 결정했다.

　우리는 오래전에 「인간의 행동과 무의식적 움직임에 미치는 의식의 영향(*The Effect of Consciousness ou Human Behavior and Mechanical Performance*)」이라고 하는 제목으로 연구를 발표했다. 그 목적은 우리들의 연구주제인 「의식(意識)과 생각의 관계」를 미국 정부의 어느 기관에 소개하는 것이었다. 그 발표에 일부를 보충하여 첨가한 것이 이 책의 제1부이다.

　제2부에서는 종전과 같은 치료방법에 의해서는 '절망'이라고 진단내려진 많은 경우에 있어서 우리들이 치료하여 성공한 여러가지 방법이 서술되어 있다. 장수, 인류평화, 건강 그리고 사업의 성공과 발전 등에 관한 새로운 제시가 특히 흥미있게 읽혀질 것으로 믿고 있다.

초기의 연구를 발표했을 때 우리는 독자들로부터 열렬한 호응을 받았다. 수천의 동지들과 학생들이 마음의 법칙을 유효하게 사용해서 실제로 행복하고 풍요로운 생활을 실현하고 있다는 것을 알았다. 거기에 힘을 얻어 이번에는 미완의 단계이지만 처음의 발표보다도 더욱 정리된 형태로 편집해 보았다. 독자들로부터 보다 나은 반응을 기대해 마지 않는다.

자기가 지은 책이라도 그 저작권을 독점하는 것은 불가능한 것이다. 왜냐하면 그것은 선두에 앞장서서 가르치고 격려하며 그리고 협력해준 모든 사람들의 합작품이기 때문이다. 특히 나의 사랑하는 아내인 동시에 선생인 Joel Marie Teustsch의 협력과 지도로 나는 이 책에 제시한 독특한 지혜를 이해하고 응용할 수 있었다. 그래서 나는 나의 아내야말로 이 책의 진짜 저자라 생각하며 마음으로부터 감사하고 있다.

C.K.Teutsch

차례

제2부 당신의 의식 (意識) 을 일깨우자

입문

제1부

당신의 의식(意識)을 점검해 보자

입 문

　인간은 물질세계를 지배하는 거의 모든 원리들을 발견해 왔다. 자기들이 상상할 수 있는 여러가지 목적에 따라 기계, 장치, 구조물 혹은 전자시스템 등을 설계하고 세워 나갈 수 있게 된 것이다. 그래서 인간은 어느 정도 정확히 자신의 성취와 실패를 예견할 수도 있게 되었다. 그런 의미에서 인간은 자신이 살고 있는 물질의 주제자라고 말할 수도 있다. 과학과 기술의 덕택으로 인간들의 생활은 정치를 제외한 여타의 것들에 한해서 점점 '조절가능'한 것으로 되었다.

　이렇게 되기까지는 이해할 수 없는 요소가 많이 있었다. 왜냐하면 인간 한사람 한사람마다 자기 자신으로서는 어쩔 수 없는 보다 큰 힘을 느낄 수밖에 없었기 때문이다.

　예를 들어 건축에 대해서 살펴보면, 각 개인이 살기 위해 지은 건축물은 근대적인 설계, 안전기준, 검사항목 등 인간공동의 약속에 따라서 지어지게 되었다. 그래서 붕괴나 화재 등의 재난으로부터 보호되어 왔다. 또한 같은 이치로, 육·해·공의 모든 운송수단들은 거의 정상적으로 움직이고 있다. 이와 같은 문명의 진보적인 현상은 약품과 위생, 농업과 식품, 기계의 제조, 의류, 그리고 기구 그밖의 각 분야에 있어서 인류에게 이익을 제공하고 있다.

　다만 이런 현상의 저변에는 하나의 커다란 미스테리가 남는다. 개인 그룹 또는 세계적인 차원의 '인간관계'가 그것인데 그것은 여전히 인간들에게 우연으로만 여겨진다. 비록 많은 사람들이 교육, 정신요법, 광고, 대중매체 그밖의 방법에 의해서 좋은 의미의 영향을 받았다고 하지만 또 다른 의미에서 볼 때 인간의 행동과 습성은 내놓고 자

행복은 어디에서 오는가

랑할 만한 것이 없는 좌절뿐인지도 모른다.

그래서 이 행동과 습성의 밑바닥을 흐르고 있는 법칙을 발견한다는 것은 대단히 큰 의의를 가지고 있다. 특히 그 법칙으로 인간과 사물과의 관계를 명확하게 보여줄 수 있으면 수많은 심각한 문제가 해결될 것이다. 이 인류가 간절히 바라고 있는 수많은 목표를 달성하기 위해서 내면의 법칙을 밝혀내지 않으면 안된다. 법칙은 개인적, 집단적 그리고 국제적인 범위에서 적극적으로 응용될 것이다. 그것은 평화, 행복, 그리고 불행한 환경으로부터의 해방을 의미하는 것이며 나아가서는 개인, 가내공업으로부터 대기업에 이르기까지의 사업체, 국가, 그리고 세계를 위한 성공과 번영의 문제를 결정짓는 요인인 것이다.

더욱 현실적으로 얘기한다면 이러한 법칙을 올바르게 이해하는 것이 산업이나 정부에 있어서는 아주 중요한 문제이다. 이 법칙이 해명되어서 거대한 계획— 예를 들면 우주개발사업 등에 유익하게 사용된다면 그 때문에 허비된 수많은 시간, 경비, 노력, 실패 그리고 헛수고 등은 절감될 것이다. 또 번거로운 사회, 경제문제도 해결될 것이다. 더욱 큰 규모로는 전 인류의 장래가 보장될 것이다.

이 법칙들은 결코 물질세계에서는 발견되지 않는다. 왜냐하면 우리들이 생활하고 있는 이 세계는 눈으로 보고, 귀로 듣고, 손으로 만지는 직접 경험할 수 있는 영역—

즉, 지상최저차원의 세계이기 때문이다. 만약 그 법칙이
눈에 보이는 것이라면 훨씬 옛날에 발견되었을 것이다.
  확실한 것은 이러한 법칙의 적어도 어느 한 부분은 '마
음'이라고 하는 아주 특이하고 눈에 보이지 않는 거대한
영역으로 남아 있기 때문이다.

  이 책은 유토피아를 실현하기 위한 청사진을 목적으로
하고 있지는 않다. 동시에 초자연이라든가 신비적인 상상
과도 관계가 없다. 주의 깊이 실험하여 과학적으로 증명
된 사실에 입각해서 우리들은 이 책을 만들었다. 그리고
무엇보다도 더욱 중요한 문제인 '순간 순간 변화해가면서
도 눈에 보이지 않는 생명 본래의 모습'을 추구해 가고
싶은 것이다. 그러므로 여러가지 경우를 응용해서 효과가
있었던 바람직한 교정 방법은 물론, 어느 행동유형을 이

해하기 위한 원칙에 있어서도 대화를 통해서 하고자 했다.

처음에는 단순했던 우리들의 가설(假說)도 시간과 함께 이론으로 발전해 갔다. 그리고 그 이론이 임상에 있어서나 임상실험에 있어서 '효과가 있다'고 증명이 되었기 때문에 우리들은 일련의 법칙으로 그것을 정리해서 이하 각 장에서 서술했다.

더욱 상세하게 정리한 해설은 장래에 다시 발표하려고 생각하고 있다.

당신의 마음(心)

'마음'이라는 것은

우리들은 지구 중력(重力)에 의해 땅에 발을 딛고 살아가고 있다. 그러나 중력은 눈에 보이지 않는다. 중력이라는 것이 무엇인지 몰라도 우리들은 생활할 수 있다. 그것과 마찬가지로 전기를 본 사람은 아무도 없지만 우리들은 가지가지의 방법으로 전기를 이용하고 있다.

'마음[心]의 법칙'에 있어서도 역시 지구의 중력이나 전기와 동일한 현상을 발견할 수 있다. 우리들은 마음의 법칙이 있다는 사실조차 의식하지 않고 살아가고 있지만 실제로 우리들의 생활은 순간순간이 모두 그것에 의해서 영향받고 있는 것이다.

옛부터 우리는 '마음'이라는 것은 두뇌 속에 있는 것이

며 우리들 인간이 만물의 영장으로서 살아가기 위한 본질적 요소라고 생각해 왔다.

그러나 최근의 과학적인 결론은 이 신념(信念)을 깨뜨렸다. 대뇌의 한쪽 또는 양쪽을 잃어버린 몇몇 전쟁 희생자의 추리(推理) 및 행동능력은 뇌가 정상적일 때와 비교해서 감소하지 않는다고 하는 것을 알게 된 것이다. 그 결과 마음은, 눈에 보이지 않게 우리들을 콘트롤하는 중심이며 두뇌는 단순히 육체에 나타난 마음의 대리인으로서 움직이는 것뿐이라는 것을 인정하게 되었다.

이것은 결코 두뇌가 불필요하다고 하는 의미는 아니다. 여기서 말하고자 하는 것은 두뇌가 마음의 통제를 받고 있다는 사실이다. 두뇌보다 위대한 마음은, 마음 본래의 움직임에 더해서 두뇌의 움직임을 대행(代行) 하기 조차 한다. "마음[心]이 육체를 지배한다고 하는 것은 생명의

움직임에 대해서 우리들이 알고 있는 가장 기본적인 사실
이다." 이것은 비전문가가 가지고 있는 일반적인 생각이
아니다. 로스앤젤레스 마운트 사이나이 병원의 정신신체
의학 연구소의 이사(理事)인 F. 알렉산드라 박사가 깊이
연구해서 얻어낸 결과이다. 박사에 의하면 "우리들의 감
정(感情)은 반드시 생리적 변화를 동반한다. 예를 들면
공포는 가슴의 두근거림을, 분노는 심장활동의 증가를,
혈압이 올라가는 것은 함수탄소(含水炭素)의 신진대사 변
화를 동반한다."는 것이다.

같은 관점에서 분노나 공포가 졸도의 원인이 될 수 있
다고 하는 과학적인 증명이 1960년 6월 15일 로스앤젤
레스의 시더즈 오브 레바논 병원의 E. 코오데이, S. 로스
버그 그리고 D. W. 어빙 박사 등에 의해서 발표되었다.
여기서 특히 주의하지 않으면 안되는 것은 분노는 당황·
불안정·위해(危害) 그리고 그 밖의 다른 이유에서 오는
공포가 단순히 형태를 바꾸어서 나타나는 것일지도 모른
다는 것이다.

분명히 감정이라고 하는 것은 어느 특정한 사고(思考)
나 신념(信念), 행위(行爲) 등의 형태를 취해서 육체의
움직임으로 나타나는 것이다. 생리적 변화는 그 부산물에
지나지 않는다. 물론 육체의 내부나 외부에 나타난 뚜렷
한 변화는 역으로 감정의 반응을 유발한다. 이렇게 해서

행복은 어디에서 오는가

이미 나타나 있는 육체의 변화는 감정과 서로 어우러져 상호간에 강력해져 가는 것이다.

마음의 작용

육체의 이상(異常)한 반응은 '신념(信念)'에 의해서 일어나지만, 그 신념은 우리들의 신앙이나 암시, 경험에 의해서 자연스럽게 혹은 모르고 있는 사이에 받아들여지고 있는 것이다. 예를 들면 최면을 걸어 암시를 집중적으로 줌으로써 완전 냉방에 있는 사람의 마음을 사하라 사막에 있다고 믿게 하면, 그 사람은 더워서 오바코트를 벗게된다. 같은 원리를 건설적으로 응용했던 예가 있다. 어느 병원에서 완전히 심리적으로 사마귀를 치료해서 깜짝 놀랄 정도의 효과를 보고 있다는 것이다. J. B. 라인 박사는 암시에 의한 화상 치료를 발표했다.* 권위있는 관찰자들 (observers)에 의하면 여러번에 걸쳐 물집이 생기지 않고 치료되었다고 한다.

또 관찰자들이 지켜보는 가운데 열(熱)을 밖으로부터 가하지 않았는데도 물집이 생기기도 했으며, 약을 복용하지 않고 암시를 집중적으로 행해서 물집을 없어지게 한

---

* 『New World of the Mind』 by J.B. Rhine, New York:William Sloane Associates, 1953;p.37.

사례도 보고 되었다.

어느 유명한 야구선수는 '매번 플라이〔뜬공〕를 친다.' 고 하는 심한 공포증을 가지고 있어서 결국 그것이 결정적인 이유가 되어 1959년 시즌이 끝남과 동시에 선수생활을 그만 두었다. 그런데 우리들의 암시치료를 받고 나서 선수로서의 힘이 회복되어 1961년 시즌을 맞이하여 다시 활약할 수 있었다.

같은 방법으로 여성의 불감증·비만증·성격혼란·알콜중독 그리고 마약중독 등도 치료가 가능하다.

여기에서 특별히 언급하고 싶은 것은 유명한 미드 웨스턴 대학에서 이전에 행하여진 재미있는 실험이다. 커피를 마시면 잠을 잘 수 없는 증상이 있는 몇몇 학생에게 취침시간 직전 커피에서 뽑아낸 카페인이 들어있는 우유를 주었다. 또, 같은 증상을 가지고 있는 동일한 인원의 몇몇

행복은 어디에서 오는가

이 학생들에게도 역시 카페인이 들어있는 우유를 주었다.

처음의 그룹은 카페인이 들어있다는 것을 눈치채지 못한 채 곧 숙면을 취했다. 그것과 반대로 후자의 그룹은 카페인이 들어 있다는 것을 알렸기 때문에 몇시간 동안이나 잠을 못이룬 채 기숙사의 침대에서 뒤치닥거렸다.

몇 년 전, 어느 큰 공업회사에서 흥미있는 실험이 행해졌다. 조립공들이 "공장 일부의 조명이 어둡다"고 하며 불만을 표시했다. 그래서 전기실 직원들이 조립공들이 지켜보는 가운데 문제의 형광등을 떼어내었다. 그리고 그들의 책상위에 가지런히 쌓아놓은 새로운 관을 점심시간에 설치하기로 약속했다.

그런데 그들이 없는 동안에 전기실 직원들은 새로운 관을 밖으로 운반하고, 떼어낸 낡은 관을 다시 원상태로 천정에 달았다. 점심 휴식시간을 보내고 돌아온 조립공들은 자기들의 요구가 관리부에 의해서 통과되었다고 믿고, 새로운(?) 조명에 만족했다. 그들의 불만은 가라앉고 계획적 결근이나 투쟁도 깨끗이 해소되었다. 바뀌어진 것은 아무 것도 없었다. 다만 두세 명의 불평불만하는 사람의 신념이 변한 것뿐이다.

밖으로부터 움직이는 힘에 의하지 않고 내부로부터의 눈에 보이지 않는 신념(信念)에 의해서 병이 치료된다고 하는 이론을 입증한 것이 그 유명한 웨스트 코스트 대학의 의학부이다. 그 의사들의 그룹은 다음과 같은 감동적인 실험을 행했다. ·

피부암에 걸려있는 여섯 명의 환자가 있었다. 그들은 엑스레이 치료를 받으면 좋은 결과가 나올 것이라고 진단을 받았다. 그 가운데 세 명의 환자는 실제로 엑스레이 치료를 받지 않고 설비만 훌륭히 갖추어져 있는 치료실에 격리되어 있었다. 환자는 정지된 기구 아래에 뉘워져서 촬영 이외의 부분은 위험예방 천으로 덮혀 있었다. 의사나 간호원들은 마치 엑스레이 치료가 진행되고 있는 것처럼 환자의 주위를 빙빙 돌았다.

이 환자들은 자기들이 완벽한 치료를 받았다고 굳게 믿었기 때문에 일반적으로 발생하기 쉬운 조직의 악화도 발생하지 않고 나아버렸다. 나머지 세 명 가운데 한 사람은 조금 회복했지만 다른 두 사람은 아무런 효과가 없었다.

결과적으로 세 명 모두 좋지 않은 영향을 조직면에 남겼다. 실험 전에 이러한 결과가 일어나기 쉽다고 미리 알려 줘서 그들이 예상하고 있었기 때문이다.

일반적으로 불치의 병에 걸려 있다고 하는 사람이 약물을 사용하지 않고 회복한 많은 사례 중에서 우리들은 다음과 같은 특기할 만한 경우를 겪은 적이 있다.

한 사람의 주부가 있었다. 그녀는 유명한 의사 그룹의 한 사람으로부터 정밀한 검사를 계속 반복해서 받은 결과 악성종양 때문에 앞으로 약 6개월 정도밖에 살 수 없다고 선고받았다.

그때 우리는 우리들의 치료 방법을 알고 우리에게 동조하고 있었던 그녀 남편의 동의를 얻어 치료를 시작했다. 우선, 진단이 틀렸다고 하는 것, 그리고 병증세는 가벼우며 최근 발견된 '기적적'인 약을 복용하면 낫는다는 것을 그녀에게 반복해서 확신시켰다. 그 약이라고 하는 것은 사실은 단순하고 일시적인 위안만 주는 진통제 같은 것이었다.

6일 후에 통증이 사라졌다. 그리고 2주일 후에 그녀는 완전히 회복해서 관계자 전원을 깜짝 놀라게 하면서 퇴원할 수 있었다.

예전에 국무장관이었던 J. F. 둘레스의 경우는 완전히 대조적인 비극이다. 1956년 그는 몇 사람의 의사로부터

당신의 마음(心)

암일지도 모른다는 진단을 받았다. 그러나 증세는 각별히 주의해야 할 정도는 아니라고 의사들이 말했다. 그는 그것을 믿고 있었다. 그가 믿었던 대로 그때 이미 앓고 있었던 무서운 불치의 암으로부터 그는 기적적으로 회복했다. 그래서 그는 그후로도 약 3년 동안이나 사무실에서 업무를 볼 수 있었다.

그러나 1959년 봄, 그는 의사들로부터 다시 불치의 병에 걸려 있다고 통고받았다. 7주일 후인 1959년 5월 25일 그는 사망했다. 주위 사람들에 의하면, 그는 강인한 의지력으로 최후까지 열심히 투병했다고 한다. 정확히 '불치'라고 진단한 의사들의 신념과 암의 무서운 힘이 치료될 가능성에 대한 그의 의지나 신념보다 우세했던 것이다. 이 사실에는 한 가지 큰 문제점을 내포하고 있지만 그것은 다음에 서술하기로 한다.

이런 과정을 거쳐 우리는 지금까지 설명되어지 않고 있던 많은 것을 이해하게 되었다.

사크라멘토에 있는 캘리포니아 입법위원회로부터 '가짜 암 치료자'라는 판결을 받은 사람들이 있었다. 그들은 수많은 환자를 치료했다고 주장했다. 완치된 환자중 몇 사람은 일반적인 의사들의 치료는 전혀 아무런 효과가 없었는데 그 가짜요법을 받고 나서 목숨을 구했다고 하면서 입

행복은 어디에서 오는가

법위원회에 출두해서 감동적인 말로 증언하기도 했다.

한편, 미국 의학협회의 위원들은 "우리들의 관찰에 의하면 환자의 어느 경우도 가짜 치료자들이 주장하는 상식을 넘은 수단으로 치료한 것은 아니다."라고 증거를 제시했다. 입법정부를 비롯해서 보도관계자들이나 일반 시민들은 피고인들에게 사기 혐의가 있다고 즉석에서 판결을 내렸다. 피고측의 증인들은 "사람을 잘 믿지 못하는 사람들의 견해이다."라고 하면서 비웃었다.

우리의 결론부터 말하면 소위 '가짜'라든가 그 열광적인 지지자들은 상식을 넘은 방법에 의한 치료를 완전히 믿고 있었던 반면에 의사들은 그런 수단을 믿지 않았던 것뿐이다. 한사람 한사람이 자기가 믿고 있었던 그대로 표현했던 것뿐이다.

'믿는다'고 하는 것

믿음[心]이 유력한 도구가 된다는 것을 이제 분명히 알게 되었을 것이다. 마음[心]이라고 하는 것은 '사실(事實)'에 근거하지 않고 '신념(信念)'에 의해서 결과를 생산해 내는 것이다. 바꾸어 말하면 '모르는 것이 약이다.'라는 것이다.

멕시코의 벽지 주민이나 에스키모 족들은 문명으로부

터 소외된 곳에서 살아가고 있다. 그들은 실제 단조로운 식사로 살아가고 있다. 그렇기 때문에 영양학의 전문가들은 당연히 그들은 질병이나 영양실조에 걸려있을 것이라고 말한다.

그런데 사실은 정반대로 이 '원시적인' 사람들은 거의 완벽한 건강을 누리고 있으며, 대머리가 된다든가 충치가 생긴다든가 피부병에 걸린다든가 하는 일은 결코 없다. 그렇지만 비타민이나 미네랄 등의 과학적 지식을 한 번 맛보면 그들은 우리들 현대인과 마찬가지로 여러가지 병에 걸리기 시작할 것이다.

음주운전으로 충돌사고를 일으켰으면서도 다치지 않은 사람을 우리는 많이 알고 있다. 그런 충돌은 술취하지 않은 운전이 능숙한 사람에게 있어서는 오히려 치명적인 사고가 되었을지도 모른다.

　프랑스의 도시 비엔나에서 두 사람의 술취한 사람이 거리로 통하는 문(문이라고 그들은 생각했다)을 열었다. 그러나 그것은 사실은 4층 방의 창문이었다. 경쾌한 노래를 흥얼거리며 어깨를 들먹거리면서 그들은 거리가 아득히 내려다 보이는 문턱을 넘어서 밖으로 발을 내디뎠다. '콰 —당'하는 소리를 듣고 경관이 구조하기 위해서 달려왔다. 그러나 놀랍게도 두 사람은 최고의 기분으로 노래를 부르면서 갈지자(之) 걸음으로 거리를 누비며 걸어가고 있었다. "아니 뭐, 단지 발을 헛디뎠을 뿐인 걸" 하면서 그들은 천연덕스럽게 말하는 것이었다. 이 운좋은 사람들은 그 순간에 자기들이 소름이 끼칠 정도의 위험에 처해 있었다는 것을 꿈에도 상상하지 못했던 것이다.

　그릇된 신념이 어떠한 작용을 하는가 하는 점에 있어서 어느 신문에 적절한 기사가 실려있다. 캘리포니아 주에 살고 있는 두 살 난 어린이 팔로스 베르데스는 조그마한 자기집 정원에서 '어떤 물건'과 함께 즐겁게 놀고 있었다. 부엌에서 일하고 있던 어머니에게는 그것이 긴 호스처럼 보였다.

　30분 정도 지나서 어머니는 아이가 어떻게 놀고 있는가 걱정이 되어서 다시 창밖을 내다 보았다. 그때 '호스' 처럼 보였던 것이 틀림없는 한 마리의 방울뱀이란 것을 알았다. 그녀는 공포에 몸을 부들부들 떨었다. 그녀는 괴성을 지르면서 아이에게 조심하라고 외쳤다. 그러나 이미 때는 늦었다. 그 아이는 뱀에 물려서 중상을 입은 것이다. 어머니가 큰 소리로 외치는 순간까지 어린이는 위험하다는 생각을 하지 않았다. 아무 일도 없었던 것이다. 왜냐하면 어린아이는 놀이 동무가 자기에게 위험을 줄 만큼 무서운 것이라고는 전혀 생각지도 않았기 때문이다.

이 기사는 '뱀은 덤벼들어 문다'고 하는 어머니의 신념이 이 치명적인 비극의 원인이었다고 하는 것을 확실히 보여주고 있다. 만에 하나 어머니가 자기 일에 바빠서 어린이를 보살피지 않았다면 뱀은 아마 틀림없이 작은 놀이 친구 한 사람 남기고 어디론가 조용히 사라졌을 것이다.

대부분의 사람들은 126파운드(57.3kg) 체중의 중년부인이 3,600파운드(약 1,632kg)의 무거운 짐을 움직일 수 있다는 것은 도저히 불가능하다고 신념하고 있다. 그러나 플로리다 주의 탐파에서 어느 부인은 다음과 같은 일을 해냈다.

그 부인의 열여섯 살 난 아들이 차를 고치려고 차 밑에 들어가 있는데 받치고 있던 재키가 튕겨 나가면서 아들이 자동차 밑에 깔려 버렸다. 그녀가 나중에 설명한 것처럼 그녀는 그 순간 소위 '병적인 흥분상태'가 되었다. 그래서

행복은 어디에서 오는가

그녀는 그녀가 알고 있던 물질의 법칙 등 일체 모든 것을 잊고 무시해 버렸다. 그녀는 자동차의 범퍼를 잡고 혼신의 힘을 다하여 들어올려 자식을 구해냈다. 그녀는 그때문에 척추뼈 몇 개가 금이 간 것 외에는 몸에 아무런 이상이 없었다고 했다.

워싱톤 주의 부레마토에 살고 있는 한 젊은 남자의 예를 들어보자. 그는 당시 서른일곱 살로서 암에 걸려 있었다. 그의 병세는 악화되어 그 해 안으로 사망할 것이라고 의사로부터 선고받았지만 5개월 후에 완전히 회복했다. 의사들은 어떻게 해서 그가 완쾌했는지를 설명할 수 없었다.

그는 "J. F. 둘러스는 식욕이 떨어짐과 동시에 체중이 감소해서 그 때문에 마침내 암으로 사망했다."고 하는 신문기사를 병상에서 읽었다. 거기서 그는 '열심히 먹는 것이 암이 온 몸에 퍼지는 것을 방지하며 회복을 앞당기는 최선의 방법이다'라고 믿고 실천해서 마침내 병이 완쾌되었다는 것이다. 자기의 이론에 대한 확신이 전문의사의 상식보다도 훨씬 강력했던 것이다.

당신의 마음(心)

당신의 의식(意識)

'의식'이라는 것은

　마음이라고 하는 것은 눈에 보이지 않는 비인격적인 만능의 마스터 콤퓨터라고 말할 수 있다. 이 콤퓨터는 우리들의 신체를 콘트롤하기 위해서 두뇌를 대리인(agent)으로 사용하고 있다. 동시에 우리들은 두뇌를 통해서 마음의 힘을 끌어 내고 있는 것이다. 마음은 우리들의 생활에 필요한 지식을 그때그때 대응해서 두뇌에 공급해 준다.

　예를 들면 어린아이의 마음은 사람들이 발로 걷고 있는 것을 보고 관찰해서 비로소 '나도 걸을 수 있다'고 의식한다. 그러나 두뇌는 스스로 노력해서 걸을 수 있게 되지 않으면 '걸을 수 있다'고 알지 못한다. 즉 우리들 마음의 의식적인 부분은 바다에 떠 있는 빙산의 일각처럼 직접적

행복은 어디에서 오는가

으로 자각 가능한 범위내의 약간의 지식밖에 가지고 있지
않은 것이다. 그러나 마음의 잠재적인 부분은 마치 빙산
의 바다에 잠겨 있는 부분처럼 지금까지 배우고 경험하며
실행하기도 하고 느끼거나 생각한 것 모두를 저장하는 두
뇌를 포함하고 있다. 우리들이 '마음'이라고 하는 것은 무
의식의 영역을 가지고 있으며 이 부분은 우리들 개인의
경험과는 관계없이 보편적인 사실들을 가득 채우고 있다.

마음이 무엇인가를 '하고 싶다'고 생각해서 그것을 두
뇌가 알아차리면 진행을 바라는 마음은 다음 순간에 새로
운 행동을 의식시켜 준다. 예를 들면 걷는 기술을 배워
익히면 그 다음은 달리는 것을 배우고 싶어하는 것처럼
되는 것이다. 따라서 잠재의식이나 마음의 작용 덕분에
우리들은 과거의 경험을 바탕으로 살아가지만 과거는 항
상 현재에 의해서 개량되면서 우리들의 미래를 만들어 내

고 있음을 알 수 있다.

잠재의식이나 무의식은 우리들로부터 고립해 있거나 분리해 있는 것이 아니라 언제나 일체가 되어서 우리들의 생각이나 행동을 좌우하고 있다. 그 상호간의 움직임이 현재의식과 서로 작용하여 우리들이 의식·신념·태도·감정·사고·행동·아이디어·경험이라고 부르는 것을 만들어 내고 있다. 바꾸어 말하면, 의식적으로 배우는 것은 —특히 반복적인 연습을 통해서— 잠재의식 속에서 점차로 여과되어 다시금 거기로부터 보편의식 속으로 침투해 가는 것이다.

의식(意識)의 힘

마음이 가진 또 하나의 중요한 기능은 마음은 전기와 같이 방사물(放射物)이나 사고(思考)의 전파를 주고 받는 송수신기로서 작용한다는 것이다. '생각은 힘이다' 이 말은 단순히 만들어진 문구가 아니다. 쉽게 생각해 보자. 불과 1, 2마이크로 볼트로 측량할 수 있는 사고파(思考波)는 큰 방송국과 비교해 보면 출력이란 측면에서 상당히 큰 차이가 있다. 그런데 그 능력은 방송국과는 비교할 수도 없을 만큼 위대하다. 왜냐하면 라디오 방송국도 집도 자동차도 —보이는 물건 전부가 생각 없이는 존재할

행복은 어디에서 오는가

수 없기 때문이다. 일체의 모든 것은 우선 생각이라고 하는 눈에 보이지 않는 '마음의 세계'에서 만들어진 다음에 비로소 현상의 세계에 모습과 형태를 나타낸다.

전기에너지를 빛에너지로 바꾼다는 것을 일반 상식으로 생각지도 못했을 때 토마스 A. 에디슨의 강한 신념은 전구를 만들어내어 인간의 생활을 크게 변화시키지 않았는가.

이와 같이 라이트 형제는 당시 전세계의 상식있는 자는 예외없이 가지고 있던 신념 ―공기보다도 무거운 기계로 비행하는 것은 정신이상자들이나 꿈꾸는 허망한 생각이며 불가능하다고 하는 신념에 과감히 도전해서 키티·호크에서 역사를 바꾸어 놓은 것이다. 다행히도 라이트 형제는 당시의 전문가들이 말하는 것에 귀를 기울일 생각을 하지 않았던 것이다.

당신의 의식(意識)

눈에 보이는 것을 형체로 만들어내기까지는 물리적인 노력이 필요하다. 하지만 결국 물질이라고 하는 것은, 본래의 의식과 그것을 형체로 나타낸 마음이 결정한 존재에 지나지 않는다. 이 일시적인 단순한 이론은 실은 과학적으로 증명되어 있다.

예를 들면, 옥스포드 대학에서 실시한 실험에서 오로지 칼날을 향해서 사념(思念)을 집중하고 있는 사람의 머리를 사진을 찍어 현상했다. 그 사진에는 선명한 칼날이 그 사람의 머리 바로 위에 정지해 있는 것처럼 나타났다. 두뇌의 주파수라든가 사고(思考)의 주파수가 원자(原子)속에 출현되는 아주 미세한 빛, 또는 방사입자로 구성되어 있다는 것은 특수한 연구에 의해서 증명되어 있다.

모든 물질(物質)은 외관의 견고함과 관계없이 원자(原子)로 만들어져 있으며 그 원자는 양자(陽子)로 구성되어 양자의 주위를 전자(電子)가 끊임없이 회전하고 있는 것이다. 그러므로 물질이라는 것은 정적(靜的)인 진동을 가진 유동체(流動體)라고 생각하지 않으면 안된다. 그렇다면 생각은 의식의 작용이기 때문에 **마음과 물질은 하나이다**라고 하는 결론을 내릴 수 있다. 양쪽 모두 같은 기본 구성분자로 만들어져 있기 때문이다.

행복은 어디에서 오는가

링콜린·바넷*은 고대 그리스의 데모크리투스로부터 알버트·아인슈타인에 이르기까지의 철학자, 과학자의 견해를 총괄해서 "……물질과 에너지, 아톰(atom)과 별을 포함한 일체의 객관 우주는 의식이 만들어낸 것이며 또 인간의 인식(認識)에 의해서 형태가 만들어진 상징적 건축물로서 존재한다."고 발표했다.

인류사상(人類史上) 최초로 만들어진 전구는 올바른 의미에서는 에디슨의 의식의 표현이었다. 더욱 정확히 말하면 그것은 내부 신념이 환경에 투영된 것이다. 그 시대의 사람들은 그의 발명을 보았거나 알았을 때 처음으로 그것을 의식하였으며, 그때부터 널리 전기 조명이 사용되기 시작했던 것이다.

다시 말하면 **보이지 않는 의식이 보이는 결과에 선행(先行)한다**는 것이다. 이 새로운 힘이 수많은 방법으로 응용되어 널리 받아들여져 왔기 때문에 현재 우리들은 모두 '전기'라고 하는 의식이 몸에 배어 있는 것이다.

여기에서 우리들이 분명히 이해할 수 있는 것은, **의식(意識)은 외부로 나타나서 표현되기 이전에는 우선 내부에 존재하고 있다**는 것이다. 에디슨의 예를 들어 보아도 어느 개인의 의식이 우선 외부세계에 표명되어 그것이 집

---

* The Universe and Dr. Einstein, by L. K. Barnett, New York : William Sloane Associates, Inc., 1957 ; p.11

단의식을 변화시키는 도화선으로 작용하기 시작하면서 다시금 일반대중의 의식변화에로 넓혀져 가는 것이다. 이 것은 '학습'을 모체로 하면서 문화의 상호수정(相互受精) 이라고 불리어지는 과정을 넘어서 실현되어 가는 것이다.

학습

의식(意識)은 우리들이 알고 기억한 것에 의해서 형태를 갖추어 간다. 우리들이 가지고 있는 모든 지식은 다음에 열거한 다섯 종류의 '학습'을 상호간에 서로 쌓아감에 따라서 생겨난다.

ㄱ. 공부(학교 등에 있어서 사색과 토의)
ㄴ. 관찰(무의식의 관찰과 모방)
ㄷ. 듣기
ㄹ. 느낌
ㅁ. 기타

이 '학습'이라고 하는 것은 마음에 의해서 두뇌라고 부르는 장치 속에서 레코드의 홈과 같은 형태로 인상(印象) 이 새겨지는 과정이다. 강한 인상은 깊은 홈이 되어 계속 반복해서 재생되는 것이다.

예를 들면, 우리들이 타이프를 배울 때, 우선 타자기의

많은 키의 위치와 기능에 대해서 이해하고 기억하지 않으면 안된다. 반복해서 의식적인 노력을 하면 우리들은 어떤 시스템이라도 사용할 수 있게 된다. 처음 배울 때는 속도도 느리고 끊임없이 틀려가면서 타이프를 친다. 한참 동안 연습해서 솜씨가 늘어남에 따라 확신을 가지게 된다.

그러는 가운데 이미 손가락을 어디에 둘까는 완전히 생각할 필요가 없어지게 된다. 부드럽고 리드미컬한 타이프가 가능하게 되는 것이다. 의식적으로 훈련을 쌓아온 것이 우리들의 잠재의식 속에 여과되어 새겨진 증거이다. 그렇게 되면 새롭게 얻은 지식을 지금은 다만 자동적으로 반복하고 응용해 가는 것뿐이다.

한번 무언가를 외우면, 그것을 사용하지 않았다던가 의식적으로 잊고 있었다고 하더라도 그것을 영원히 기억한 홈은 결코 없어지지 않는 것이다. 하나의 절대적인 전제

-예를 들면, 먹으면 체중이 늘어난다고 하는 것-를 진리로서 기억한 뒤에는 그것과 흡사한 정보를 만나면 무의식중에 자동적으로 동의한다.

그 반면 전제(前提)와 반대의 정보에 대해서는 오히려 민감하게 되어 반발하고 싶어하는 것이다.

어릴 때 익힌 것은 장차 커서 익힌 것보다도 한층 깊이 의식에 침투한다. 예를 들면, 우리들은 모국어로 생활을 계속해왔기 때문에 하나의 외국어를 배우기가 어렵다. 가령 어느 한 외국어에 상당히 숙달된 뒤에도 어쩌다 의식이 해이해졌을 때에는 아무래도 습관된 자국어(自國語)로 돌아가기 쉽다.

당신의 환경

'나타난 환경'과 '원인이 되는 환경'을 비교해 보자. 그러면 환경과 경험이 잠재의식이 원하는 대로 놀랄 정도로 충실하게 만들어져 있다는 것을 알게 될 것이다. 이 사실은 우리들의 유아시대가 지금의 그리고 장래의 자기들에게 있어서 어떠한 중대한 역할을 하는가를 잘 설명하고 있다. 비교적 나중에 기억한 것조차도 이제부터의 우리들과 끊을래야 끊을 수 없는 관계를 맺고 있다.

한 예를 들어보면, 많은 의사들은 어느 특정의 병을 매

일 연구, 관찰해서 알려주기 위해 그것에 관해서 지나칠
정도로 의식하게 된다. 그들의 마음은 그 병의 성질이나
증상, 그리고 결과를 너무나도 많이 카메라처럼 촬영했기
때문에 그 잠재의식이 그만 자기들의 몸에 똑같이 그대로
의 병증상을 재현하는 것은 아닐까?

여기에서 다음의 예는 시사하는 바가 크다. 로스·멕린
타이어 박사는 프랭클린.D.루즈벨트 대통령의 주치의였
지만 관상동맥 발작으로 사망했다. 그런데 그 병증세는
루즈벨트 대통령을 포함해서 그의 많은 환자를 쓰러뜨린
(죽인) 것과 똑같은 것이었다.

심장 전문의로 널리 이름이 알려진 베버리 힐스의 조
셉.M.바커 박사는 결국 심장마비로 사망했다. 캘리포니
아주 산타바바라의 암 연구자로 유명한 제임스.T.케이스
박사는 자신도 암으로 죽었다.

영화배우 타이론 파우어는 국민의 지지를 얻어서 폭넓
게 심장병기금모금 운동을 했다. 심장병으로 생명을 잃은
사람의 숫자가 다른 병으로 사망한 사람의 숫자보다 많다
고 하는 사실을 특히 강조했던 그는 이 운동을 한창 벌이
던 중에 심장병으로 죽었다.

보다 건설적인 면의 학습도 또한 우리들의 의식을 강하
게 키워준다. 대부분의 소녀들은 모두 어머니가 사준 아
름다운 의상으로 자기를 치장하고 그 모습을 거울에 비추

당신의 의식(意識)

어서 아름답게 보일 때 비로소 안심한다. 또 그 가운데는 나중에 실제로 미인선발대회에서 당선되는 사람도 있다.

배우들은 자기들의 실생활에 있어서도 배역을 받은 것 같은 경향을 띤다. 때때로 배우들의 잠재의식은 어느 기간 자기들이 마음에 들어서 열연한 역할이나 습관의 모습을 무대나 스크린 밖에서도 그대로 계속해 연기하려고 하는 경향을 가지고 있다.

자기도 모르는 사이에 관찰(observation)하고 연상(associate)하는 습관이 있는 사람들은 질병·빈곤·실패·논쟁·고독·범죄·사고 또는 공허 등에 대해서 공연히 의식을 만들어 내고 있다. 무의식의 습관에 길들여진 사람들의 잠재의식은 거의 예외없이 어른이 되고나서 연상한 그대로의 환경을 만들어 나간다.

이것과 마찬가지로 의식의 작용에 따라서 우리들은 '난

폭한 부친’, ‘잔소리 하는 모친’, ‘반항적인 자식들’을 어
쨌든 모방하고 싶어진다. 잠재의식의 마음은 공평하다.
왜냐하면 잠재의식은 우리들이 의식한 것만 재창조할 수
있기 때문이다. 흔히 우리들은 타인의 약점을 잘 지적하
기 때문에 나중에 자기가 같은 약점을 지니고 있다고 느
꼈을 때 깜짝 놀라는 경우가 있다. 한 예로 우리들은 나
이를 먹으면 돋보기를 쓰고 이가 빠지고 비만해진다는 것
을 자연히 깨닫게 된다.

　이런 것들이 사실은 우리들에게 귀중한 교훈을 가르쳐
준다. 지적(intelligent)이며 조직적인 노력에 의해서 남성
도 여성도 건강·젊음·성공·행복, 그리고 자신(confi-
dence)을 즐길 수 있는 여유가 실현될 수 있는 것이다.

　우리들은 또 불쾌한 타인의 언동을 의식할 때가 있다.
그러면 그들의 잔소리·심술궂음·비난 혹은 폭력 따위
들은 우리들의 잠재의식에 대단히 강하게 옮겨 심어진다.
유년시대의 경험을 함께 한 사람·때·장소가 의식으로
부터 잊혀졌다고 해도 그 인상이 매우 강했을 경우 세월
이 지나고나서 우리가 만나는 사람들이 비슷한 언동을 하
는 경우 우리는 쉽게 그때의 상황을 상기하게 된다.

　주의해야 할 것은 우리들은 불쾌한 상태나 행동을 가슴
아프게 마음에 간직하는 한편, 만족한 상태는 당연한 것
으로 생각해서 받아들인다는 것이다. 이 사실은 중요한

당신의 의식(意識)

진리를 말해주고 있다. 행복(good)은 자연스러운 것
(natural)이다. 그 이외의 것은 모두 부자연스러운 것이다.

앞에 서술한 제3항목의 '학습'에 대해서 이야기해 보
자. 주위에서 말하는 한 마디 한 마디를 우리는 관심을
기울여서 듣고 있지 않는지도 모른다. 그렇지만 그것은
우리의 의식속에 기억되어 있다. 그리고 영원히 주변을
맴도는 의식의 레코드에 홈을 새기고 있다.

반복하는 동안에 홈은 깊어지고 생각은 결과를 외부에
표출할 것이다. 어느 부모가 '이 아이는 못된 아이다'라고
결정 내린다면 악에 대응하는 의식과 그 모든 것의 결과
는 청소년 범죄에서 볼 수 있는 것처럼 좋지 못한 감정이
나 행동으로 나타날 것이다.

세월이 흘러서 이 '성격이 비뚤어지고 사나운' 소년이
성장했을 때 그의 선생·판사·아내·고용주들은 그 반

항적인 태도나 행동을 비난할 것이다. 대부분의 경우 그 자신도 거기에 공감한다. 그러나 정작 불행한 일을 계속해서 만들어 낸 원인은 다름 아닌 비난의 말을 내뱉는 아이의 부모이다.

말(words)은 비옥한 토지(우리들의 마음)에 떨어진 종자와 같은 것이다. 여기에 뿌려진 것을 우리는 언젠가는 연령과 관계없이 결과로서 추수해 거둬들이지 않으며 안된다.

자동차 사고로 더 큰 자식을 잃어버린 부모는 "그 아이가 내 말을 듣기만 했었어도…"라고 하면서 울부짖을 것이다. 충격을 받은 사고현장의 목격자들은 —그리고 우리들도 —'운전은 위험하기 때문에'라고 항상 되풀이 하는 어머니의 말이 사고를 무의식적으로 기대하는 마음을 만들어내었다는 사실을 깨닫지 못한다. 그리고 쉽게 이 어머니의 말에 동의할 것이다.

한편, 충돌 사고의 피해를 입은 가족은 상대방의 운전 부주의를 비난할 것이다. 자기들이 사랑하는 아이의 의식에도 적어도 조금은 책임이 있을 것이라고는 생각해보지 않는다. 물론 상대방의 운전기사도 그 자신의 의식을 통해서 비극의 원인을 만든 것이다.

"사람을 믿어서는 안돼."라고 부모로부터 주의를 들어온 아이는 자칫하면 환멸을 느낄 정도의 경험을 계속하기

당신의 의식(意識)

쉽다. 결국 "아! 나의 부모가 말한대로구나. 이 세상은 나쁜 사람 투성이다."라고 탄식할 것이다. 그렇지만 한 사람 한 사람의 나쁜 사람은 실제로는 그의 피해의식이 반영된 그림자에 지나지 않는 것이다.

하지만 부정을 행하는 사람이 위험한 일을 저지르려고 하는 감정이나 의지를 더욱 많이 가지고 있는 것만은 확실하다. 그러나 그 내면을 들여다보면 어떤 사람의 나쁜 짓이란 실제로 행해지는 경우와 비슷한 사람이 수많이 존재한다고 하는 신념 또는 공포에 기인하는 것이다. 부정을 행하는 사람이 내 주변에 있을지도 모른다고 하는 공포감이 신념으로 변해 나타낸 결과인 것이다.

마찬가지로 암 종양을 제거하는 의사는 다만 그림자를 쫓아가고 있을 뿐이다. 원인은 환자가 암의 존재를 믿고, 혹은 암이 사람을 죽이는 힘을 가지고 있다고 믿으며 그래서 강한 원망과 욕구불만 그밖의 감정으로 울적해진데 있는 것이다. 원인을 근본적으로 제거하지 않는 한 병원균은 남아 있어서 종양이 다른 장소에 나타나기도 하며 또다른 질병이 되어서 재발하기도 한다.

인생의 유형

결론적으로 말하면, 생각(though)이 쌓이고 쌓여 개인의 신념(belief)이 되며(잠재의식을 충족시키고 나서) 그 신념이 우리들의 인생을 지배하는 것이다. 즉 우리의 태도·행동·경험·환경은 하나의 선명하게 구분된 그 무언가에 의해서 지배된다.

이 유형이 밝고 적극적인 것이라면 성공·건강·행복, 그밖의 바라는 대로의 결과를 끊임없이 만들어 나갈 것이다. 어떤 사람이 있어 그가 만지는 것은 모두 금으로 변한다고 할 때 그 사람은 틀림없이 성공·부(富)의 의식으로 삶을 살아감을 뜻하는 것이지 우리들이 흔히 말하는 '행운의 사람'은 아닌 것이다.

어느 TV 쇼에서 어릴 때부터 행운아(幸運兒)로 알려진 젊은 여인이 라스베가스의 프로 도박사와 그 도박사가 선택한 몇 종류의 게임을 했다. 그녀는 자신도 놀랄 정도로 게임마다 쉽게 이겼다. 거기에 비해서 남자쪽은 승부에 강하다고 하는 평소의 확신을 거의 가지고 있지 않았다. 그는 성공의 의식에 있어서 그녀와 비교할 때 뛰어난 것이 아무 것도 없었다.

인생의 유형이 소극적이어서 사소한 일에까지 신경을 쓰고 속을 썩이는 성격 즉, 걱정이 팔자인 사람은 그 성격 때문에 좋지 못한 결과를 초래한다. 대개의 경우 우리들은 이해가 상반되는 일상생활을 경험한다. 그리고 그 경험한 의식은 양측면을 함께 연결해서 생각한다. 그러나

당신의 의식(意識)

그 생각은 우리들의 유아기의 학습이나 경험으로부터 판단한 상당히 개인적인 하나의 집착인 것이다.

이 쌓이고 쌓인 집착의 힘은 세월과 함께 점차로 희미해져 가지만 뿔뿔히 분산된 상념(想念)이나 사념(思念)으로는 도저히 지울 수 없다. 오직 유일한 방법은 내면의 집중과 밖으로부터의 노력만이 의식을 변화시키며 그 변화에 순응하는 인생의 유형을 창조하는 것이다.

여기에서 다음과 같은 예를 들어보자. 존이라고 하는 꽤 머리가 영리한 청년은 어린시절부터 부모에게 "결코 너는 아무런 일도 할 수 없을 것이다."라고 항상 주의를 받아 왔다. 그는 성공을 목표로 의식적인 노력을 하여 부모의 잘못을 증명하고 싶었기 때문에 오로지 열심히 노력하여 대학에 우수한 성적으로 들어갔다. 그는 무난히 졸업할 수 있다고 생각했다.

그러나 '실패할 것이다'라고 하는 잠재적 신념과 공포심이 서서히 머리를 쳐들기 시작했다. 그리고 이것이 지배적이 되면 잠재의식쪽이 승리할 것이라는 생각을 했다. 학교에서의 성적이 떨어지면 '인생(人生)에서 성공할 수 없다.'고 하는 존의 신념은 더욱더 강해졌다.

그러나 존은 용감하게 운명에 도전하여 승부를 걸었다. 그의 용모, 능력, 패기는 다른 사람보다 뛰어났다. 그는 동료들과 유대관계가 좋았기 때문에 관계자 전원의 사랑

행복은 어디에서 오는가

을 독차지했다. 하지만 그럼에도 불구하고 '실패한다'고 하는 잠재의식은 결국 그에게 열등자로서의 운명의 길을 걸어가게 했던 것이다.

그들 가운데 존보다도 성적이 나쁜 다른 사람들은 자기 자신에 대해서 보다 적극적인 신념을 가지고 있었기 때문에 존을 앞질러 갈 것이다. 존은 '그들은 운이 좋았다'고 생각하면서 부러워 할 것이다. 그리고 한편으로는 상사의 불공평을 비난할 것이다. 사실, 상사 자신도 존이 아닌 다른 종업원을 발탁할 아무런 이유가 없었던 것이다. 그러나 상사는 "뭔지 확실하지는 않지만 그는 존이 가지고 있지 않은 '무엇'인가를 가지고 있는 것 같다."라고 말할 것이다. 그 '무엇'이라고 하는 것이 가장 높이 설정된 의식(意識)인 것이다.

결혼은 어떻게 될 것인가? 존은 만나자마자 어울리는 사랑스러운 신부를 선택할 것이다. 그러나 얼마 후에 서로간의 의식적인 노력에도 불구하고 불화가 생겨서 이혼을 하게 된다. 이렇게 해서 중도에 실패했을 때 존은 자기의 사나운 운명을 탄식한다.

그는 자기와 대립적인 선생이나 상사, 그리고 아내를 비난할 것이다. 자기는 열심히 노력하였으나 주위 사람들이 너무나 불공평했음을 의분에 불타하면서 지적할 것이다. 그것을 들은 그의 동료들도 "안타깝게도 존이 어떻게

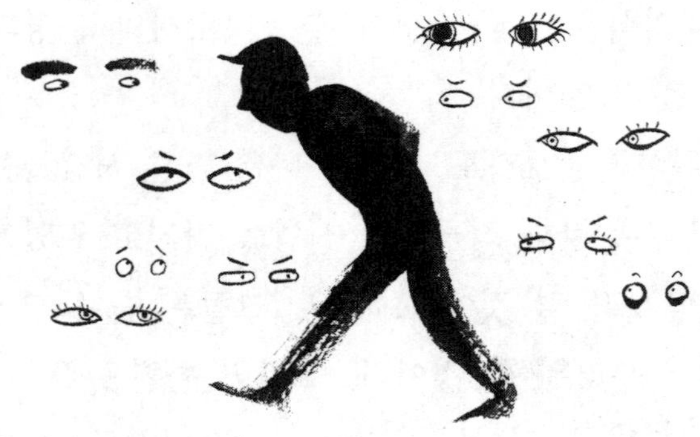

그렇게 되었을까. 틀림없이 그는 잘될 줄 알았는데.”라며 수긍을 할 것이다.

　의식이 모든 것의 원인으로 작용한다고 하는 것을 바르게 이해함에 따라 존의 내부신념에 의해서 일어난 최초의 사건까지 거슬러 올라가면 불행했던 지난 세월, 그리고 가장 최근에 일어난 비극까지도 추적하는 것이 가능하다. 자칫하면 우리들은 자신도 모르는 사이에 이러한 멋쩍은 경험을 자기의 의식으로부터 철저히 숨긴다. 그렇다고 해서 그와 같은 경험이 우리의 의식 속에서 완전히 잊혀지는 것은 아니다.

　몬트리올에 있는 신경학회(神經學會;Neurological Insti-tute) 이사인 와일드·펜필드 박사는 한 실험에서 우리 몸의 둥근 돌출부(lobe cortex) 부분을 부드러운 전류로 자극하면 어떠한 사람이라도 하나 하나 아주 세심한 부분까

행복은 어디에서 오는가

지 과거의 일들을 상기한다는 것을 보여 주었다. 분명히 이 돌출부의 피층(皮層)은 유아기로부터 의식한 모든 사건을 기록한 영화의 연속필름같은 것을 가지고 있다. 하나하나 서로 연결된 경험은 영구보존의 형태로 우리들 기억의 창고속에 보관되어 있다.

이것은 아인슈타인의 이론을 증명하고 있다. 즉 다시 말하면 **시간은 사건의 연결**(the order of events)**로부터 분리된 독립된 존재가 아니고, 우리들은 그 사건의 연결성에 의해서 시간을 측정하는 것뿐이다.** 정신분석의 전문가는 그런 복잡한 방법은 사용하지 않는다. 한 사람이 경험한 생활의 중요한 두세 가지의 사건만으로 그 사람의 잠재적 유형을 미루어 짐작할 수 있기 때문이다.

예를 들면, 프로포즈한 연인으로부터 거절당한 한 남자가 있다. 그는 또 자신이 희망한 대학에 들어갈 수 없었다. 또 그 다음에는 사교그룹에 가입하는 것에도 거절당했다. 어느 경우에도 거부당한 이유는 다르겠지만 그러나 원인은 한 가지이다. 그 사람은 '타인으로부터 거절당한다'고 하는 뿌리깊은 신념, 바꾸어 말하면 거절당하는 것에 대한 공포심을 가지고 있다.

이러한 사실을 모르는 상담원들은 다른 여자친구나 다른 학교나 그룹을 선택하라고 그 사람에게 조언했을 것이다. 극단적인 경우 그는 다른 동네로 이사가라고 하는 재

촉을 받는다. 그들은 결과만을 보고 지도하기 때문에 그들의 충고는 효과있는 변화를 만들어 내지는 못한다.

지금까지는 우리들이 보아온 것처럼 우리들의 현상세계는 단순히 눈에 보이는 한 면에 지나지 않는다. 우리들은 언제나 의식과 한 몸〔同體〕이기 때문에 **우리들이 어디에 가든지 의식은 언제나 마찬가지 결과를 거듭 반복해서 만들어 낸다.**

마크라는 아이가 있었다. 가족들은 모두 단란하게 재미있는 이야기를 하고 있는데 마크만은 모두로부터 무시되어 조용히 있도록 강요받아 왔다. 그렇다면 앞에 서술한 것과 같이 성장과정에서 그는 이러한 처사에 길들여져 버린다. 그 결과 만들어지는 잠재적 유형은 크나큰 영향을 장래에 미칠 것이다. 학교에서나 놀이를 할 때에도 사교의 모임에서도 그는 어느 사이에 활동의 중심으로부터 제

외될 것이다. 성인이 된 마크가 식당에 들어가면 웨이터
는 아주 당연한 것처럼 그를 부엌옆의 어두컴컴한 테이블
로 안내할 것이다. 사무실에서는 주위의 사람들로부터 무
시당한다. 이렇게 해서 주역(主役)이 아닌 단역(端役)에
습관되어버린 그는 자기의 역할을 당연한 것처럼 연기해
낸다. 그것이 자기 생활의 기준이 되어 버린 것이다. 자
기가 어떤 일을 결정하는 중심인물 중의 한 사람이라고
생각하는 것만으로도 마크는 두려운 것이다. 왜냐하면 그
것은 잠재의식이 요구하고 있는 자기의 성분에 반대되기
때문이다.

　반대로 적극적인 유형을 가진 아이들이 장소에 관계없
이 특별한 노력을 하지 않는데도 어떻게 놀이의 대장이
될 수 있는지 지금은 잘 이해할 수 있을 것이다.

　한번쯤 이런 유형의 사람들이 마음이 '나는 중요한 인
물이다'라고 자각하면 그것은 학술적, 사회적, 그리고 전
문분야의 성공에 있어서 필요한 환경과 기회를 자동적으
로 만들어 줄 것이라 믿는다.

의식(意識)의 변화

　우리들이 의식(意識;consciousness)을 변화시켰을 때
만이 싫어하는 자신의 성격유형을 영구히 바꿀 수 있다.

그러면 의식을 변화시켜 나가는 데는 어떻게 하면 좋을까? 그것은 본인이 자기의 과거 경험이나 동기라든가 이유를 이해하는 것부터 시작해야 한다. 자신의 낡은 신념(信念)을 제거해가는 데에는 한 걸음 한 걸음 서서히 바꾸어가지 않으면 안된다. 우리들을 조절하고 있는 신념의 대부분은 유아기 시절에 형성된 것이다.

우리들은 오랫동안 그것을 의식적으로 잊어버렸거나 혹은 그것을 분명히 이해했다고 생각해서 이미 기억속에서 버렸다고 여기더라도 우리의 잠재의식의 어느 한 부분에는 이 유아기의 기억이 남아 있으며, 수확의 시기가 오면 그 결과를 거두어 들이지 않으면 안된다. 이러한 경우에는 그 유아기까지 거슬러 올라가서 살펴볼 필요가 있다. 그리고 자기 자신의 내부에 있는 '어린 모습'에 대해서 그가 납득할 수 있도록 설명해 주는 것이 필요하다. 그렇게 하면 그는 현재 자기가 처해 있는 어른의 차원까지 성장하게 된다.

여기에 첨가해서 자기최면(催眠)이나 자기암시를 병용해서 없애고 싶은 자신의 낡은 습관을 막기 위한 의식적인 노력을 한다면 이 외부요법은 특히 효과가 있다. 듀크 대학의 호넬·하트 박사는 학생들이 이 특유한 방법을 사용해서 성적이나 능률, 태도를 향상시켰음을 보여주고 있다.* 에밀·코에의 유명한 연구**도 반드시 여기에서 언급하지 않으면 안된다.

좋은 유형과 일치할 수 있도록 목표를 정해서 노력하면 강한 힘의 새로운 의식을 만들어 내는 것이 가능하다. 적극적인 말은 특히 효과적이다. '나로서는 할 수 없다'라든가 '그것은 불가능하다'든가 '부족하다'든가 '피곤하다'든가 '항상~때문에 어려움을 겪고 있다' 등등의 말들은 우리들의 의식에 부정적인 암시를 가져다 준다. 진지한 표현이거나 농담으로 한 말이거나 관계없다. 그러한 말들이 장래 우리들이 전혀 예상도 못한 때와 장소에서 실패·곤란·피곤 등의 상태를 만들어 내는 데 결정적인 역할을 한다. 왜냐하면 **우리들의 의식(意識)은 끊임없이 일상생활에 있어서 온갖 분야의 활동이나 경험을 결정하기 때문이다.**

"핸디 80을 깰 수 없다."고 언제나 슬퍼하며 골프를 치는 사람은 자기도 모르는 사이에 직업이나 그의 결혼을 불가능하게 하는 데 부채질을 하고 있다. "주식에 운이 없다."고 고민하거나 괴로와 하는 사람은 그의 회사가 계획하고 있는 중요한 사업이 실패로 돌아가게 하는 결정적

---

*) Autoconditioning, by Hornell Hart, Englewood cliffs, N.J.:Prentice— Hall, Inc., 1956.

* *) Self Mastery Through Conscious Autosuggestion, by Emile Coué, New York:American Library Service, 1922.

당신의 의식(意識)

인 문제점을 안고 있다. 평소에 일을 하고 나서 "피곤해서 견딜 수 없다."고 푸념을 자주 말하곤 하는 주부는 중요한 사교의 모임에 참석했을 때 어째서 낮잠이 자고 싶어지는지 스스로 이상하게 여길 것이다.

어떤 경우에라도 우리의 마음은 생각(thought)·말(word)·행동(deed)의 형태로 받아들여진 명령을 공평하게 그대로 실천에 옮겨가고 있다. 그러므로 애써 노력해서 반대의 방향으로 행동하지 않는 한 마음(心, mind)은 단순히 먼저 새겨진 각본대로의 아이디어나 경험에 의해서 같은 유형을 반복해서 만들어 나가면서 끝까지 우리를 지배할 것이다.

우리들이 타인에 대해서 부정적으로 생각하거나 이야기를 한다면 그 댓가로 우리들에게는 좋지 못한 일들이

일어난다. 왜냐하면 앞에서 설명한 것처럼 잠재의식은 우리들의 말의 표현과는 전혀 관계없기 때문이다. 또 그러한 말을 듣는 사람과도 관계없다. 말(words)은 전부 객관적으로 정확하게 기록되어 잠재의식 속에 머물러 있으면서 그 성격을 점점 강하게 만들고 있다. '그는 나쁜 사람이다'라는 말은 '나는 나쁜 사람이다'로 번역되어 말하는 본인의 신상에 반드시 그 영향을 끼칠 것이다. **진정으로 대화를 나눌 상대는 오직 한 사람, 자기 자신뿐이다.**

　우리는 이러한 원리(原理)를 건설적이며 체계적인 방법으로 응용함에 있어서 많은 사람들의 불안을 확신으로 질병을 건강으로, 실패를 성공으로 변화시켜 왔다. 그 사람들은 종래의 치료법이나 지도법으로는 전문의들도 치료하지 못했으며, 또 '회복될 가능성이 전혀 없다'고 진단 내려진 사람들이었다.

목발에 의존하지 않으면 걸을 수 없는 한 소녀를 담당했을 때 우리는 그 소녀가 자기의 보기 흉한 걸음걸이를 어머니의 책임이라고 생각하면서 원망하고 있다는 것을 알았다. 그래서 우리는 그 소녀가 자기 어머니에게 다음과 같이 말하도록 지도했다. “어머나가 하고 싶은 것은 무엇이든지 자유롭게 하십시오”라고. 그랬더니 몇주일 사이에 소녀는 본래대로 정상적으로 걸을 수 있게 되었다. 그러나 그때도 의사들은 그녀의 병증세가 더욱 악화될 것이라고 예상해서 치료준비를 하고 있었다.

잠재의식의 부정적인 작용으로는 자기나 타인의 죽음을 끊임없이 바라든지 하면 그 사람 자신의 행위에 따라서 또는 간접적인 외부 매개체의 역할을 통해서 그 원망(願望)이 실현되는 경우가 있다.

플로리다 주 포트 왈톤 해안에서 일어난 사건이 그 예이다. 낚시를 하러 갈 때마다 ‘죽어 버리고 싶다’든가 ‘죽는 것이 차라리 낫다’고 입버릇처럼 말하던 사람이 있었다. 마침내 몇일 후 그 일이 일어났다. 그는 낚시 바늘에 걸린 한 마리 큰 도미를 낚아 올리기 위해서 안간힘을 쓰다가 심장마비로 사망했다.

앞에서 예를 든 존의 경우로 되돌아가 보자. 오래된 마음의 습관을 노력해서 제거해 버렸다면, ‘당신은 반드시

행복은 어디에서 오는가

성공한다'든가 아니면 더욱 적극적으로 '이미 당신은 성공자이다'라고 하는 반대암시가 얼마나 중요하게 작용하는 지에 관해서 이제는 명확하게 알 수 있다. 거듭 반복해서 암시를 행해감에 따라서 존의 오래된 실패의식은 점점 희미해져가며 완전히 새로운 결과가 확립될 것이다.

또 앞에서 예를 든 마크는 따뜻한 가정의 단란함을 모르는 채 자라났다. 마크의 경우에는 "너는 장차 커서 반드시 중요한 인물이 될 것이다. 아니 이미 벌써 그렇게 되어 있다"라고 지도한다. 음식점이나 극장에서 반드시 좋은 자리에 앉으며 고급 양복을 사입으며 그리고 동료들과 넓은 교제를 하며 이전에는 자기보다 위대하다고 생각했던 사람들과도 자유롭게 교제할 수 있도록 강력하게 권장한다.

이와 같이 해서 행동에서부터 하나의 극단적인 방향으로 그를 지도해가는 도중에 낡은 의식은 깨어지고 새로운 유형으로 길이 열린다. 왜냐하면 마음〔心〕은 보는 것을 믿으며(마크의 경우가 좋은 예이다.) 믿는 것을 보기 때문이다. 이 방법을 계속해가는 도중에 그 사람에게 알맞는 보다 행복한 길을 찾아내는 것은 쉬운 일이다.

이 부분에서 일반적으로 널리 알려져 있는 유명한 사실은 아무리 노력해도 아이를 가질 수 없는 부부가 한두 명의 양자(養子)를 들이면 머지않아 자식을 가질 수 있다는 것이다.

우리들의 인생을 변화시키는 힘으로써 일시적인 생각은 무력(無力)하다고 하는 것은 쉽게 이해할 수 있다. 우리들이 단돈 일 원조차 가지고 있지 않더라도 '나는 억만장자다'라고 생각하는 것은 가능하다. 가난한 사람이 갑자기 막대한 유산을 상속받고도 빈곤한 의식을 가지고 있으면 쉽게 그 유산을 잃어버리고 만다.

그러나 '부(富)'의 의식을 가진 사람은 한 번은 재산을 잃어버릴지 몰라도 세월이 지남에 따라 점점 자신의 부(富)를 되찾는다. 중요한 것은 완전히 새로운 마음상태이며 이것은 어느 일정의 기간이 지나서 노력을 함으로써만 얻을 수 있는 것이다.

가난하게 자랐거나 사고(事故)를 만나서 상처를 입기도 하며, '사람을 보면 적(敵)이라고 생각하라.'고 가르침을 받아온 어린아이들에게 이와 같은 것을 진리라 말해 줄 수 있다. 특히 어릴 때에 꾸준히 집중적으로 자기 암시를 행해서 새로운 환경을 접해감에 따라 의식을 완전히 변화시킬 수 있다. 평소의 교육수단, 즉 텔레비전이나 책 등등을 통해서도 가능하다. 그래서 특별한 신념을 가지고 있는 사람들과 교제하는 것도 산만하게 될 우려가 있기는 하지만 의식변혁(意識變革)에 도움이 될 수도 있다.

물론 역으로도 생각할 수 있다. 부정적인 사람들이나

행복은 어디에서 오는가

부정적인 가르침을 받아들이면, 또 그러한 환경에 휩싸이면, 자기의식의 순수한 힘이 본인에게 불리한 방향으로 물들어 간다.

예를 들면, 갓 태어나는 아이는 순수한 상태에 있지만 그 아이의 생애의 유형을 결정하는 마음가짐(마음의 준비)이라고 하는 것은 부모나 놀이친구 또는 학교로부터 그대로 본받는다. 선교사(宣敎師)들이 선의(善意)에서 원주민에게 비위생적인 그들의 생활 상태를 지적해 준다 해도 그것은 그들에게 질병을 유발시키는 하나의 동기라는 것을 알아야 한다. 중세에 전염병이 급격히 유행한 것도 분명히 의식(意識)과 관련된 문제에 원인이 있다. 서부의 난폭한 사나이들, 텔레비전의 범죄영화, 로큰롤(rock—and—roll)의 열광, 스포츠카나 그밖의 광기(狂氣)를 띤 유행의 범람에 있어서도 마찬가지이다.

오레곤 주의 포트랜드 21980 번지에 있는 미국 암학회에서 실시한 한 조사에 의하면 고교생 가운데서 부모 모두 흡연자인 가정의 학생들이 흡연할 가능성이 가장 높았다고 한다. 그 조사에 의하면 10대의 흡연자 수는 부모 모두 담배를 피우지 않는 가정의 학생이 가장 적고 부모 중 한 사람만이 피우는 가정의 학생 중에서는 불과 1% 만이 담배를 피우고 있었다. 의식(意識)과 암시(暗示)의

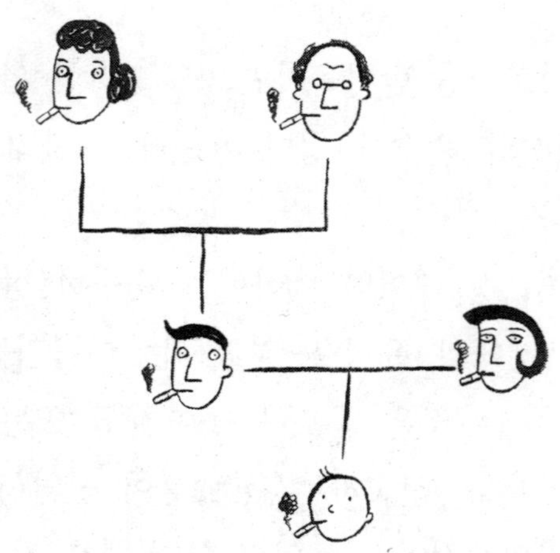

상승작용이 얼마나 효과적으로 작용하는지에 대해서 이제 우리는 자기의 손바닥을 들여다보는 것처럼 분명해졌다.

케네디 대통령이 휴식시간에 흔들의자를 사용한다는 것이 발표되었을 때 구식의 의자였음에도 불구하고 수요가 많아져서 제조업자들은 장사를 시작한 이래 최대의 흥행을 즐겼다고 한다.

거듭 말할 필요도 없는 것이지만 올바르게 선택한 암시를 사용하면 상상도 못할 정도로 여러 방면에 걸쳐서 유익한 결과를 얻는 것이 가능하다. 그 반면, 학교나 기업, 가정에서 일어나고 있는 보잘것없는 비평, 그리고 비난은 잘못된 의식을 유발할 수도 있으며 그 의식은 개선을 필요로 하는 상황만을 계속 만들어 간다.

행복은 어디에서 오는가

　이렇게 보면 문자로 표현된 것, 발표나 레포트, 그리고 광고 등의 표현법이 얼마나 중요한 것인가를 잘 알게 된다. 한마디의 말이나 표현이 이익을 가져오는가 실패로 끝나는가의 갈림길을 결정하는 것이다. 게다가 한걸음 더 나아가서 말하면 주의깊게 전개될 암시는 어떤 사람이 어떠한 분야에서 노력하고 있다해도 그 일을 비약적으로, 확실하게 개선하게 한다. 항공기의 조종사나 학생, 회사 직원, 세일즈맨, 공원 등등 그 직업은 관계없다. 따라서 인간의 의식(Human Factor) 연구를 주의깊게 관찰하면 예상을 훨씬 넘어선 숙련기술의 효율을 올릴 수 있다.

집단 의식(意識)

당신의 가정

지금까지는 주로 개인의 의식을 살펴보았다. 그러나 우리들의 연구를 집단 수준으로 넓혀가면 중요한 마음의 법칙에 대해서 더욱 자세히 알 수 있다.

'끼리 끼리 모인다'고 하는 속담은 깊은 진리를 내포하고 있다. 가족의 한 사람 한 사람의 얼굴이나 성격, 기호는 각각 다를 것이다. 그러나 그들은 틀림없이 공통된 기본적인 의식(意識)을 가지고 있다.

이 유형이 '조화'와 '사랑'의 것일 때 모든 것은 잘 풀려 나간다. 그러나 가정불화로 수심이나 공포가 뒤섞여 있을 때에는 투쟁이나 파국을 초래하는 것은 피할 수 없는 일이다. 또 결핍의 의식이 마음 밑바닥에 흐르고 있으

면 경제적으로 어려운 생활이 필연적으로 다가온다. 가족 전체가 가지는 기본적인 마음의 흐름은 가족 전원에게 평등한 결과를 가져다 주는 것이다.

가족의 각자가 여행을 한다든지, 어딘가 다른 곳에서 떨어져서 생활한다든지, 새로운 사회생활로 접어들기도 함에 따라서 그들의 의식이 변화해가는 것은 피할 수 없는 일이다. 그 때문에 자칫하면 서로간의 사이가 벌어지기도 한다. "대학에 가고 나서부터 메어리는 많이 달라졌다."고 어머니는 말하며 또 "군대에 가고 나서부터 제임은 우리들과 전혀 다르게 성장했다."고도 말할 것이다. 어떻게 이러한 변화가 일어난 것일까?

우리들은 그 변화의 원인을 어느 특정의 사람들이라든가, 환경의 탓으로 돌리지만 누구도 그 원인을 눈에 보이는 형태로 정확히 지적할 수는 없다.

그러나 사실 거기에서 일어난 것은 메어리와 제임에게 새로운 의식이 또는 이전의 의식(意識)을 수정한 새로운 모습이 몸에 배었다는 것이다. 때로는 가족중에서 특별히 강한 의식을 가지고 있는 사람이 가족 전체의 신념의 정도를 높이거나 낮추는 경우가 있다. 이 경우에는 가족 구성원의 결합은 계속될 것이다.

그런데 가장 일반적으로 볼 수 있는 경우, 의식이 두개의 다른 형태로 분리되어가며 그 틈이 점점 깊어지는 경우이다. 그것은 세월이 지남에 따라서 결국 떨어져 나가서 나름대로 발전해가는 것을 피할 수 없다.

결혼한 사람에게 꼭 들어맞는 그 반대의 이론이 있다. 결혼이란 자기와 다른 의식을 가진 가족과 함께 살아가는 것이기 때문에 꽤 조정을 하지 않으면 '조화'의 상태를 오래 계속해서 이어가는 것은 불가능하다. 쌍방이 서로 사이좋게 이어가려는 바램이 있는 한 그 사람의 의식 중 한 부분은 다른 사람에 의해서 흡수되며, 한편 그 사람도 상대의 의식을 몸에 익히게 된다. 서로 **닮은 사람끼리는** 상대에게 서로 마음이 끌릴 뿐만 아니라 상호간에 더욱 닮게 되는 것이다. 반면에 그것을 닮으려고 하지 않는 모든 것에 **반발을 느낀다.**

그다지 의식적인 요인이 없는 경우, 질병의 의식을 가졌던 남편은 아내에게 그와 비슷한 의식을 심어줄 수 있다. 따라서 그들의 자식들은 양친의 의식에 상응하는 성질의 질병을 가질 것이다.

이와 마찬가지로 애주가들이나 도박사들 혹은 음악인들은 서로 서로가 마음이 끌려 만나게 된다. 두 사람의 소매치기가 서로 상대방의 물건을 훔치려고 하는 상태처럼 돈이 없는 세일즈맨은 역시 돈이 없는, 자신과 비슷한 부류의 손님을 찾아간다.

몇 년 동안의 객지 생활을 끝마치고 고향에 돌아온 사람들은 가장 친했던 어릴 적 친구조차 공통적인 것이 없다는 것을 발견할 것이다. 그의 의식과 더불어 고향 사람들의 의식이 너무나 크게 변해 버렸기 때문에 그의 변한 모습은 그들과 어울리지 않는다. 토마스·울프의 말에 의하면 '고향은 두번 다시 돌아갈 수 없다'고 한다.

스포츠

반드시 이길 수 있다고 전원이 단결된 의식을 가지면 즉, '필승'의 의식을 가진 야구팀은 결코 지는 일이 없다. 설사 이전에는 '패배'의 의식이 농후한 팀에 있던 선수가 그 팀에 새로 참가했다고 해도 의식은 전환하는 성질을 가지고 있기 때문에 그는 승리의 의식을 갖는 방향으로 변화될 것이다.

반면에 사과의 상한 부분이 주위를 부식시켜 가는 것처

집단 의식(意識)

럼 패배의식을 뿌리 깊이 가지고 있는 선수는 그보다 더욱 적극적인 의식을 가지고 있는 다른 선수들에게 악영향을 끼침으로써 그 팀은 시합에서 패배의 쪽으로 기울게 된다. 대개 코치는 게임의 기술적인 측면을 개발하는데 힘쓰겠지만 실제로는 선수들의 의식을 변화시키는데 성공하지 못한다면 아마도 그것은 시간낭비에 불과할 것이다.

산업

기업의 경우를 보면 최고 경영자의 의식이 중대한 요인으로 작용한다. '끼리끼리 모인다'고 하는 마음의 법칙에 의해서 경영팀의 구성원도 최고경영자도 같은 기본의식을 가지게 된다. 경영자측도 또 종업원에게 그들과 똑같은 의식을 심어주게 된다.

예를 들면 A라고 하는 회사는 '성공'의 의식을 가지고 있는 반면 B라고 하는 회사는 '실패'의 의식을 가지고 있다고 가정하자. 양쪽 회사가 새롭게 지배인이나 기술자들을 고용했다. 어느 쪽도 교육이나 경험에 있어서 우열(優劣)을 가리기 힘든 사람들이다.

그러나 A사에 입사한 사람들은 자기 자신과 장래에 대한 내부 신념이 B사에 입사한 사람과는 다르다. 그러므로 A사에서 실시하는 기획은 일반적으로 고객을 만족시키는 반면, B사의 노력은 결국 비난이나 실패의 대상이 되기 쉽다.

기업체에 속해 있는 개인이 그 의식을 변화하는 데 따라서 그 기업체의 밑바닥에 흐르고 있는 공통된 마음의 흐름으로부터 떨어져 나가는 것은 자연적인 현상이다. 물은 언제나 낮은 곳으로 흐른다. 자기는 연간 수입이 불과 5백만 원의 가치밖에 없다고 생각하고 있는 사람은 연간 수입이 천만 원의 의식을 가진 사람을 의식적으로 피하거나 또 그들이 스스로 피한다.

종업원 가운데는 직장을 그단두고 자기 적성에 맞는 다른 회사로 옮겨가는 사람도 있다. 그들은 자기들이 취한 행동에 대해서 설득력 있는 해명을 부탁해도 '좀 더 많은 월급'이라든가 그 밖의 외적인 요인을 들 뿐 실제는 자기가 눈에 보이지 않는 원인에 의해서 행동하고 있음은 전

집단 의식(意識)

혀 눈치채지 못하고 있는 것이다. 마찬가지로 회사에서 밀려 나올 때도 능력이 없는 것이 이유가 아니라 그들이 잠재적으로 불안정한 의식을 가지고 있으며 또 불평불만의 모습을 가지고 있었던 것이 원인이다.

물론 최고 경영자의 실무진들이 시간이 지남에 따라 그들의 의식을 변화시켜 갈 것이다. 그 결과 회사의 정책이나 운영도 당연히 변화해갈 것이다. 그러나 회사보다도 진보적인 의식을 가진 종업원 가운데에는 그 일을 그만두고 보다 전망이 밝은 회사로 옮겨가는 사람도 있을 것이다. 그다지 진보적이지 못한 사람은 회사의 발전에 발맞추지 못하고 새로이 내세운 회사운영방침이 보다 발전적인 것임에도 불구하고 불평을 하며 심하면 또 다른 직장을 찾아 나선다.

주의하지 않으면 안되는 것은 그룹이라고 하는 것은 항상 하나의 중심이 되는 신념의 유형을 바탕으로 해서 조화를 이루고 있다는 것이다. 이 유형은 그룹의 한 사람 한 사람이 경영자로부터 종업원에 이르기까지 모두 상호간에 공통적으로 가지고 있는 것이다.

이 조화의 원칙은 불화가 분명히 존재하고 있는 경우에도 적용된다. 왜냐하면 불화라고 하는 것은 그룹 전원의 내부의식이 외부에 투영된 것이기 때문이다. 다만 한 사람의 구성원이 그룹 내부의 조화와 평화의 유형으로부터

행복은 어디에서 오는가

벗어나더라도 그룹 전체의 동질성은 깨어지며 그는 결국 회사를 그만두게 된다.

의식(意識)의 영향을 더욱 상세하게 예증하기 위하여 두 개의 부동산회사의 경우를 들어보려 한다. 한 회사는 신문광고에 막대한 비용을 들이고 있지만 사무실은 언제나 조용하며, 다른 한 회사의 사무실에는 물건을 사고 파는 사람으로 언제나 북적거린다. 이 회사는 가끔 작은 광고를 낼 뿐이지만 그 효과는 항상 즉시에 나타난다. 이 차이는 물건을 파는 방법이나 품목의 좋고 나쁨에 의한 것이 아니고 신념(信念)에 의한 것이다.

전자(前者)의 의식은 집을 바꾼다고 하는 것은 '대단한 일'이며 '비용이 든다'고 하는 신념에 지배되어 있다. 그러나 후자(後者)의 경우는 '즐거운' 사업을 하고 있다는 의식을 가지고 있어서 그 품목에는 수요가 있으며 따라서 광고는 읽혀질 것이다라는 사실을 믿고 있다.

이것과 비슷한 상황이 제너럴 모터스 회사의 경우에 들어 맞는다. 이 회사는 한점의 구름도 없는 성공의 의식을 가지고 있다. 최고경영자는 매년 전례가 없는 생산수와 판매수를 예고하지만 그 숫자가 거의 차질없이 달성된다는 것도 알고 있다. 이것은 신념(信念)이 원인이며 다음에 오는 기술·선전·업무·영업활동 등은 모두 결과인 것이다.

　같은 원리가 더욱 비극적으로 응용된 예가 다음과 같은 것이다. 교통부에서는 매주 주말을 맞으며 자동차 사고의 통계 숫자를 미리 예상해서 사람들을 깜짝 놀라게 한다. 이 통계 숫자는 매회 거의 적중할 뿐만 아니라 대개의 경우 그것을 능가하고 있는 결과를 보이기도 한다.

　여기서 우리는 의식이 암시와 연결될 때 얼마나 큰 힘을 발휘하는가를 알 수 있다. 어떤 경우에도 경영이나 운영의 당사자라는 자기 자신을 확신하고 있다. 그러한 태도만으로도 희망하는 결과는 충분히 나타난다. 그렇지만 책임있는 입장에 있는 사람들은 대체로 '선전'이 필요하다고 믿고 있다. 이와 같이 광고의 힘을 신뢰하고 거기에 어울리는 행동을 하면 그것이 제2의 결정적인 증거가 되어 최후의 결과를 보증할 것이다.

　일반대중들도 또 업적이 있는 광고회사를 신뢰하고 있으며 또 신용하려고 하는 경향을 가지고 있기 때문에 기계적인 정확성으로 그 강력한 암시에 반응한다. 그와 같은 광고선전을 반복해서 널리 일반대중에게 알리면 암시에 걸리기 쉬운 사람들에게는 거의 최면적인 효과가 발생한다. 이 사람들은 잠재의식으로부터 동기가 만들어져 행동하고 있는 것이지만 자기들이 타인의 의지(意志)에 감응되어 있다는 사실을 거의 눈치채지 못한다.

행복은 어디에서 오는가

　성공의 의식을 가지면 가질수록 그 자동차회사는 경쟁
상대를 능가해서 보다 많이 판매할 수가 있다.

　교통안전 캠페인의 경우, 경고의 표어가 발표되면 그것
은 주의하지 말라고 유도하는 것으로 작용하기도 하고 또
는 명령하는 것이 되기도 한다. 왜냐하면 '주의 하세요'
라는 말은 마음에 따라서 '당신은 주의하고 있지 않다'고
하는 것처럼 번역되며, 더욱이 마음의 재생력에 따라서
'더욱 주의하지 마세요'라고 말하는 것처럼 강력해져 간
다. 물론 선전이나 광고물―예를 들면, 집이나 승용차 혹
은 충돌 현장이나 갈기갈기 찢긴 인체의 사진 등―을 보
았을 때 발생하는 2차적인 암시의 효과도 그냥 지나칠
수가 없다.

　한 젊은이가 금문교 가까이에서 상어에게 물려 사망했
다. 이 사건이 보도되자 서해안 일대에 상어 공포증이 널

집단 의식(意識)

리 퍼져 수많은 비슷한 사고가 일어났다. 그래서 결국 대부분의 해수욕장은 유영금지 조치를 하게 되었다.

예전의 한 때 연쇄적인 교도소 폭동이 전국적 규모로 일어난 것도 그것과 비슷한 성격의 것이었다.

보편 의식(意識)

마음의 흐름

　마음(心, mind)을 빛이나 물결에 비유하는 이유는 시간이나 공간을 초월하고 있기 때문이다. 전세계적으로 실시되었던 정신감응 실험은 사념(思念)이 어떤 두꺼운 벽이나 먼 거리에도 영향받지 않는다는 것을 증명했다.

　우리들 모두가 작은 방송국과 수신국이라고 하는 이론을 실험해보기 위해 고등의 감응력을 가진 사람들에게 상당히 먼 거리로부터 복잡한 정신 메세지를 보냈다. 그들은 놀라울 정도로 명쾌하게 그것들을 기록하고 이해했다. 특히, 선천적인 무당이나 박수는 사념(思念)에 의해서 먼 거리로부터 보내져온 암시에 대해 마치 눈앞에서 직접 대화하고 있는 것처럼 감응한다.

　네덜란드의 유트레히트 대학 텐헤프 박사는 그의 텔레파시 연구팀과 함께 행방불명된 어린이나 물건, 범죄자나 동물 등을 찾아내었다. 과학자로서 전세계에 알려진 이 사람에 의하면 이와 같은 초능력을 가지고 있는 사람들 중에는 현재와 마찬가지로 과거와 미래를 '보는' 것이 가능한 사람조차 있다. 그들은 누구도 본 적이 없는 몇 킬로미터나 떨어진 곳에서 일어나고 있는 사건을 묘사하며 또 한 번도 만나 본 적이 없는 사람의 소지품을 자기가 만져보는 것만으로 그 사람을 정확히 '알아 맞힌다'는 것이다. 그들은 정부를 위해서 밀수나 스파이사건 등의 해결에 협력했다.

　네덜란드의 피터 하코스는 내셔널리그의 봄 훈련 캠프를 방문했다. 그리고 선수의 세탁물 바구니에서 땀에 젖은 운동복으로부터 자신의 느낌을 채취했다. 그 결과 로

행복은 어디에서 오는가

스앤젤레스 다저스가 우승할 것이라고 예언했다.

그는 또, 다른 일곱 개 팀의 최종 승률까지 예상했다. 결과는 정확하게 그가 예언한 대로였다. 그는 또한 레이·로빈손이 복싱 미들급 선수권을 탈환할 것이라고 생각하고 그 시합의 득점표를 만들었다. 로빈손은 그의 예상대로 5회전에서 상대 선수를 넉다운시켰다.

미국 육군정보부는 스파이 활동을 포착하기 위한 이유 외에도 여러가지 목적에 있어서 정신감응이 과연 유익한가 어떤가를 조사하기 위해서 연구와 실험을 실시했다. 루스·몽고메리에 의하면 이들의 실험은 대성공을 거두었다. 반응은 단순히 짐작으로만 추측했던 것보다 정확성이 훨씬 높았다.

이 부분에 관해서 소비에트의 과학지 『난카이·이지즌』에 게재된 기사는 주목할 만하다. "멀리 떨어진 곳에 생각을 전달하기 위해서 뇌의 방사물(brain radiation)은 센티미터, 미리미터, 혹은 마이크로 단위의 파장으로 발생하는 무엇이라고 생각할 수 있다. 생각 가운데 두뇌센터로부터 나오는 여러가지 방사파들의 활동은 다른 사람의 두뇌 센터에 그에 상응하는 신호를 만들어 낸다. 이 연구는 현재 레닌그라드와 옴스크에서 계속되고 있다." "서로간에 정확한 교신을 하기 위해서 뇌파의 증폭기를 제조할

보편 의식(意識)

수 있는 가능성이 생겼다."(이미 개발되어 널리 사용하고 있음) 위의 기사는 또 다음과 같은 사실을 분명히 밝히고 있다. "두뇌 센터에 의해서 만들어지는 것과 똑같은 인공파를 발생시켜서 인간의 정신활동에 직접 영향을 끼칠 수 있도록 설계하는 것도 가능하다."

일반 사람들도 눈에 보이거나 귀로 들을 수 있는 형태가 아니더라도 어느 한 장소에서 일어난 사건을 다른 장소에서 아는 수가 있다. 예를 들면 연인의 죽음을 예감으로 알 수 있다고 하는 것 등이 그러한 예이다. 이러한 사실은 엄밀히 기록되어 실제 증명되고 있지만 여기에서 그 문제를 다루기에는 너무 번거롭다.

로스앤젤레스에서 뉴올리안즈로 가는 버스안에서 캘리포니아 주 벨 플라워에 살고 있는 한 부인은 이상한 예감이 들어서 왼편 앞쪽에 앉아 있는 딸에게 오른 편의 앞에서부터 몇 줄 뒤로 옮겨 앉으라고 말했다. 츄크숀 근처에서 일어난 사고로 딸이 앉았던 그 좌석에 앉은 사람은 사망했다.

마찬가지로, 병을 앓고 있는 남편을 염려하고 있던 캘리포니아 주 란캐스터의 한 부인은 예감이 이상해서 남편을 찾아서 집을 나섰다. 그래서 어두컴컴한 도로옆의 도랑속에서 남편의 자동차를 발견했으며 그 자동차의 밑에

행복은 어디에서 오는가

깔려있는 남편을 발견했다.

　개나 그밖의 다른 동물들이 인간의 의식에 대해서 반응하는 것은 잘 알려져 있다. 동물들이 자기에게 먹이를 주는 주인을 찾아 놀랄 정도로 먼 거리를 되돌아온 실례들은 많이 기록되어 있다.

　예를 들면 블락키라고 하는 고양이는 롱비치에서 새로운 가족과 함께 지내고 있었다. 하지만 얼마후 블락키는 3개월 보름 동안 걸어서 128킬로미터나 떨어진 캘리포니아 주 샌·베르나디오의 본래 주인집으로 돌아왔다.

　또 다른 실례로는 스캔키라고 하는 흑백의 반점이 있는 고양이가 캘리포니아의 알라밤마에서 미네아폴리스까지 자기를 귀여워해준 사람들과 다시 함께 지내기 위해서 3,200 킬로미터 이상을 걸어온 적도 있다.

　두 사람 또는 그 이상의 사람이 서로간에 전혀 연락없

이 멀리 떨어진 장소에서 동시에 같은 발명을 한다고 하는 것도 잘 알려진 현상이다. 그들은 동일한 마음의 주파수로 보조를 맞추었을 뿐이다.

또 교육을 받지 못한 사람들이 가끔 놀랄만한 위대한 아이디어를 발견해내기도 하며 정규교육으로 연마된 지식을 가진 소위 '두뇌명석'한 사람들이 상상도 하지 못한 심오한 진리를 발견하기도 한다. 누가 플라톤, 에디슨, 포드, 라이트형제를 교육한 것일까? 이 사람들은 국민학교 이상의 교육을 전혀 받지 못했다.

이러한 모든 것을 미루어 생각해 보면 다음과 같은 결론을 내릴 수 있다. 즉 **마음(心, mind)은 무한의 연속체이며 그 안에 인류·생물·물체 등 세계의 일체를 포함하고 있다.** 이 거대한 전자(電子)파동의 영역에서는 존재하는 것 하나 하나가 각자의 진동율과 개성을 가지고 있다.

한걸음 더 나아가서 유행에 있어서도 마찬가지이다. 주택이나 자동차는 그 주인의 진동을 보존하고 있다. 만일 그들의 진동이 낮은 성질의 것이라면 방문자나 새로운 주인은 우울하게 된다. 반대로 그들의 진동이 높으면 상대는 활기에 찰 것이다.

행복은 어디에서 오는가

마음의 역학(力學)

마음의 주파수(그것이 변화하지 않는다면)는 개개인의 마음으로부터 송신되면 거기에 어울리는 의식에 수신되어 적합한 결과를 나타낸다.

오스트레일리아의 최면의학자 A. 메아레스는 "인사불성이 된 사람들은 잠재의식의 메세지를 손쉽게 포착하기 때문에 의사가 환자에게 알리고 싶지 않은 것도 알아버리는 수가 있다."는 것을 발견했다. 그러므로 의사가 아닌 주위 사람들이 '이 사람은 완쾌될 희망이 전혀 없다'고 생각하고 있어도 그 의식은 환자에게 나쁜 영향을 미친다.

우리들이 여기에서 강력하게 주장하고 싶은 것은 이런 종류의 전송(傳送)이 최면상태가 아닌 사람들 사이에서도 끊임없이 행해지고 있다는 것이다.

어머니가 '우리 아이가 사고를 만난 것은 아닐까'하고 걱정하다면, 남편이 '귀가가 늦으면 아내가 쫑알거리는 것은 아닐까…'하고 걱정한다면, 아내가 '남편은 거짓말을 하고 있을지도 모른다'고 불안하게 생각하면, 사원이 상사에게 '해고당하는 것은 아닐까'하고 벌벌 떨면, 피고가 '판사가 불리한 판결을 내리는 것은 아닐까'하고 의심을 하면, 세일즈맨이 '고객이 이 물건을 사지 않으면 어쩔까……'하고 지나친 걱정을 한다면 모두 그에 상응하는 반응이 일어날 것이다.

보편 의식(意識)

　반대로 밝고 적극적인 태도나 신념은 다른 사람들의 협력을 얻어서 좋은 결과를 가져올 것이다. **일상생활에서 일어나고 있는 모든 일들은 관계하는 사람들의 의식에 영향을 끼칠 뿐만 아니라 그냥 보았을 때 아무런 관계가 없는 제3자의 의식에 의해서도 영향을 받고 있다는 것이다.**

　'사람을 죽이고 싶다'고 하는 욕망을 의식적 또는 무의식적으로 가지고 있는 사람은 '죽는 것은……'하고 무서워 하고 있는 사람을 끌어당기며, 그밖에 가족이나 이웃 사람, 경찰 등의 '범죄'의 의식도 증가하여 '살인'이 일어날 수 있다.

　대도시의 어떤 지역에 있는 열 집의 식료품가게 중에서 강도가 침입하는 것을 특히 두려워하고 있는 한 주인이 있었다고 한다. 그 가게는 총과 그밖의 대항수단을 준비하고 있으면서도 주인은 항상 강도 때문에 고민할 것이다. 그녀가 적절한 지도를 받아서 보다 큰 자신을 가지지 않는 한 그 부정적인 신념은 언젠가는 틀림없이 실현될 것이다.

　이와 같이 범죄사건에 관계되는 보도나 뉴스, 영화는 죄악의 기성관념을 한층 높이며 오히려 더욱 범죄를 만들어 낼 뿐이다. 소년범죄의 상황은 이 원리를 선명하게 그려내고 있다. 세상 사람들이 이러한 경향의 사건을 의식하고 예상하기 때문에 그 의식은 싸움을 야기할 생각이

행복은 어디에서 오는가

없는 젊은이들을 범죄로 몰아넣는 것이 된다.

무엇이 그들로 하여금 그러한 행동을 하게 만들었는가. 그들 자신도 자기의 행동을 설명할 수 없으며 뒤늦게 깊이 후회할 것이다. 친척들은 한결같이 "빌은 참 착한 아이였는데!"라든가 "마크가 그런 짓을 저지를 줄은 상상도 하지 못했다!"라고 말할 것이다. 그래서 빌이나 마크는 부모나 경찰을 향해서 "도대체 무엇이 나를 그렇게 만들었는지 정말 모르겠어요."하고 울부짖을 것이다.

순환 그리고 완성의 원리

잠재의식은 일단 일어나면 순환하기 시작해서 그 작용이 완성될 때까지 멈출 줄 모른다. 마음은 하고자 하는 목적을 달성할 때까지 언제까지라도 작용한다. 마음의 작용은 '사고(事故)'의 의식을 가지고 있는 사람 자신이 실제로 사고(事故)를 만난다든가 직접 말려들지 않아도 가까운 친척이나 친구에게 그것이 일어날 정도로 이어진다. 성공, 장애, 또는 다른 어떤 형태의 의식에 있어서도 이것은 적용될 수 있다.

우리들이 다룬 경우 중에서 잡초를 태우기 위해서 뒷뜰에 휘발유를 뿌리다가 화상을 입은 남자가 있었다. 옷에 불이 붙었음에도 불구하고 그 남자는 손에 작은 불씨를 들고 여기저기 불을 붙여가면서 다녔다. 드디어 그의 옷에 붙은 불길이 거세지자 "내 이럴 줄 알았어!"하며 울부짖었다.

예상한 사건이 당사자가 예측할 수 없는 방법으로 일어날 수도 있다. 필리핀의 라몽·막사이사이 대통령은 비극적인 항공기 추락사고 8일 전에 자기의 죽음을 예언했다. 정적이 자기를 실각시키기 위해서 공작을 꾸미고 있음을 그는 눈치채고 있었던 것이다. 그래서 대통령은 이렇게 말했다. "그들은 내가 살아있는 동안은 이길 수 없다는 것을 잘 알고 있지……."

잠재의식의 원망(願望)은 어떤 의식(意識)이든지간에 마음(心)의 힘에 의해서 현실세계에 재현된다. 그 한 예로서 헐리우드의 스타인 제임 로빈슨의 경우를 들어보고자 한다.

그는 단지 양말로 복면한 강도역을 연기했을 뿐이었는데 몇 일 뒤 그의 집에는 그것과 똑같은 복면을 한 강도가 침입한 것이었다.

무성영화(無聲映畵)의 연인(戀人) 메리 핑크포드는 토마스 알바 에디슨 기금 모임의 연설에 지각했다. 그 이유는 드레스의 지퍼가 고장이 났기 때문이며, 3년 후에 같은 일이 오하이오주 데이톤의 같은 호텔에서 일어났다. 그때도 그녀는 같은 회의에서 연설하기로 되어 있었다.

행복은 어디에서 오는가

벤스 파카드에 의하면 내심 우월감을 가지고 싶어 하는 남편은 비교적 오만한 상대를 선택할 경향이 많으며, 또 내성적인 성격의 아내는 개방적인 성격의 남편을 결코 선택하지 않는다. 용모와 분위기에 의해서 선택하여 만난 듯이 보이지만 실제로는 그들의 잠재의식이 하나의 통일체를 만들기 때문에 서로가 서로를 끌어당긴 것이다. 각자가 서로 하나하나의 말이나 행동 가운데에서 상대의 잠재의식을 반영하고 있다. 사실은 **우리들이 안다든지 만난다든지 하는 한 사람 한 사람이 우리들 자신의 일부분을 거울에 비추어보고 있는 것이다.** 상대가 말하는 것, 행동하는 것은 모두 우리들의 일부분이다.

다음에 서술하는 것도 흥미있는 사실이다. 우리들의 잠재의식은 과거의 인생에서 사귄 사람들은 기억하고 있으므로 거기서부터 배운 것을 재현하려고 하기 때문에 배우

보편 의식(意識)

자를 선택할 때 우리들은 이성(異性)의 어느 한 쪽 부모
와 의식에 있어서, 행위에 있어서, 모습에 있어서 닮거나
일치한 상대를 곧잘 선택한다.

따라서 상대는 소심하기도 하고, 냉담하기도 하며, 비
만하거나 또는 술고래일 수도 있을 것이다. 우리들은 어
쨌든 동성(同性)의 부모를 의식적으로나 무의식적으로
흉내를 내며 닮아가는 것이다. 혹시라도 그 부모를 미워
하고 있을 때에는 반대로 우리들 자신을 조절함으로써 고
쳐갈 수도 있다. 그럴 때 그 부모와 대조적 혹은 극단적
으로 용모단정하다든가 엄격하기도 하며 또는 자상하기
도 할 것이다.

콜로라도 대학의 의료센타에서 실시한 감정의 투영 실
험에서는 '우리들은 자기의 감정 ―그리고 자기 자신―
을 다른 것에 투영해서 본다'는 사실을 증명하고 있다.
테스트를 받을 사람들에게 30장의 초상화에 표현된 감정
을 분류하도록 지시했다. 그들은 초상화에 표현된 감정을
설명함에 따라 자기 성격의 기본적인 특징을 분명하게 밝
혀 나가고 있었다. 이 실험결과 정말로 '자기를 아는 것
은 자기 자신뿐'이라는 사실이 밝혀졌다. 이 점을 더욱
상세하게 설명하고 있는 예(例)를 우리들의 임상실험 가
운데서 채택해 보자.

저녁식사 시간에 2·3분 늦을 때마다 아내가 '시끄럽

게 고함쳐 부른다'고 불만을 하는 남편이 있었다. 그러나 그 부인은 본래의 성격과 정반대인 자기의 태도를 스스로도 이해할 수 없었다. 그녀는 자기를 억제하기 위해서 의식적으로 노력해 보았지만 감정의 폭발은 그칠 줄 모르고 점점 심해져 갔다. 남편은 업무상 '귀가가 늦는다'는 것은 피할 수 없는 일이었다.

정확하게 분석해 보면 그는 어릴 때 '저녁식사에 늦었다'고 하는 것과 '어머니에게 상당히 꾸중을 들었다'는 것을 관련시켜서 기억하고 있었다. 실제 그의 어머니는 상상조차 못할 정도로 화를 잘 내는 사람이었다고 한다. 이와 같이 해서 만들어진 조건반사는 잠재의식 속에 어느 한 유형을 만들어 낸다. 그것은 변명할 여지도 없이 아름답고 사랑스러운 부인을 형편없이 잔소리하는 여자로 변형시켜 버렸다는 것이다.

잠재의식은 기억된 것을 거듭 반복하기 때문에 어른이 된 그의 가정도 유아기의 가정생활과 마찬가지로 편안하지 않은 분위기였다. 가정의 하나하나의 정경은 귀가하는 그의 공포심을 더하게 했을 뿐, 그것이 역으로 자신도 통제하기 힘든 '늦게 귀가한다'고 하는 그의 유형을 만든 것이다.

한편, 아내는 '남편을 빼앗길 지도 모른다'든가 '정당한 이유도 없이 남의 명예를 훼손할 지도 모른다'는 등등의

보편 의식(意識)

숨겨진 공포심을 가지고 있다. 이것도 선의의 그러나 무지한 부모에 의해서 심어진 의식의 결과인 것이다.

여기에서 한가지 중요한 문제에 부딪친다. 우리들이 가지고 있는 잠재적 기대는 부모·형제·선생 등등 어린시절 자기와 밀접한 관계가 있는 사람들과의 교제 속에서 생겨난 것이기 때문에 그것과 비슷한 태도로 우리들에게 접근해오는 사람―배우자나 상사, 친구 등등―은 우리들에게 있어서 역시 중요한 사람들이다.

이와 같이 돌이켜 생각해 보면, 어린시절부터 계속해서 '비난'에 익숙해진 마음이 어째서 일생을 통해서 '비난받는 유형'을 만들어내는 것일까. 우리들은 이제 잘 이해할 수 있다. 사는 장소가 바뀌고, 시끄럽게 잔소리를 한다든가, 남이 싫어하는 언행을 굳이 하던 사람들도 변화하겠지만 그 사람이 아무리 상대를 즐겁게 하려고 애써도 유쾌하지 못한 잔소리나 비난은 변함없이 계속될 것이다.

마찬가지로 선생은 학생을 이끌고 의사는 환자를 이끌고, 사업주는 고용인을 이끌고, 생산자는 소비자를 이끌고, 계약자는 피계약자를 이끌고, 경찰은 가해자를 이끌고, 그리고 그 역(逆)도 또한 가능하다. 우리들은 또 박해자와 피박해자, 다수와 소수그룹, 그리고 강자와 약자의 관계도 이와 같은 방법으로 이해할 수 있을 것이다.

불쾌한 사건이 일어났을 때, 피해자 ―정말로 그는 부

행복은 어디에서 오는가

정적인 의식을 가지고 있었지만—는 "사건당시 그러한 부정적인 것은 생각지도 않았다."고 성서에 맹세하며 단언할 것이다. 의식적인 생각이 관련되어 있는 한 그것은 사실임에 틀림없다.

의식(意識)이라고 하는 것은 그것이 의식적이든 무의식적이든 관계없이 우리들의 모든 유형을 포함하고 있다. 그러므로 어느 일정한 형태를 가진 에너지의 결정체로서의 **생각은 만들어지거나 파괴되는 것이 아니다.** 우리들이 일단 생각을 일으키면 시간이 지남에 따라 그 생각의 힘이 없어지는 것이 아니라 오히려 세월과 함께 더욱 깊어져서 그 사건이 발생함에 알맞는 환경이 되었을 때 결과로서 반드시 나타난다.

"남편에게 있어서 내가 부족한 것은 아닐까."하고 내심 두려워 하고 있는 부인이 있었다. 그녀는 그 공포심을 자기의 의식으로부터 잘 숨겼을 것이다. 그러나 겉으로 나타나 있지 않은 그녀의 의식은 이미 결혼의 파국을 예기하고 있으며, 다른 여성의 출현이 이미 피할 수 없는 현실로 나타나고 있는 것이다.

이 불행한 아내는 당연히 남편을 비난하며 여자의 비극을 원망한다. 판결을 의뢰받은 판사는 심리적인 원인까지는 당연히 모르고 있으므로 그녀에게 동정할 것이다. 그러나 가령 그 덕분에 부정한 정사(情事)가 끝이 났다고 해도 멀지않아 다른 여성이 등장할 것이다. 그래서 아내가 의식(意識)을 바꿀 때까지 그것은 끊임없이 반복된다.

마음의 샘이 깊어지고 그 결과 앞에 서술한 것과 같이 경험으로 나타나며 사태는 다음의 단계를 향한다. **한 번 주기가 돌아서 전체가 완결되면 무대는 새로운 주기의 출발을 준비해서 보다 큰 세트를 만드는 것이다.** 그때야말로 우리들이 지금까지 추천해온 단계를 밟아서 더욱 마음에 드는 유형을 심는 최고의 시기이기도 하다.

여기서 우리들은 하나의 실례를 들어서 서로 모르는 사람들이 어떻게 해서 서로 끌어당기는가를 설명하고자 한다. 두 사람의 사이에는 이유는 달라도 공통된 하나의 결정적인 요인이 존재하며 그것이 작용해 가는 것이다.

다음은 이름을 제외하고는 전부 실제의 이야기이다.

행복은 어디에서 오는가

4세의 소녀 귀여운 메기가 어머니 부라크 부인의 앞을 지나 아이스크림 가게를 향해서 달려가다가 모델을 하고 있는 매력적인 화이트 양의 새로 사 신은 구두 뒤굽을 걷어찼다. 그 바람에 화이트 양은 앞으로 넘어져서 코를 다쳤다. 누가 봐도 그 아이의 잘못이었다. 화이트 양은 거액을 요구하면서 부라크 부인을 고소했다. 그러나 우리들의 조사에서 다음의 사실을 밝혀내서 사건은 결국 화해의 수준에서 끝이 났다.

우리들이 발견한 것은 화이트 양이 어렸을 때부터 어머니에게 "얼굴이 재산이다."라고 들어 왔었다는 점이다. 그녀는 귀중한 얼굴에 흠이 생기는 것을 두려워하고 있었다.

사고 6개월 전에 캘리포니아 롱비치의 신발가게에서 문제의 그 구두를 살 때 그녀는 점원에게 "이 구두를 처음 신었을 때 혹시 내가 앞으로 넘어져서 코를 부러뜨릴지도 몰라."하면서 농담섞인 이야기를 했다. 그녀의 마음 깊숙히 잠재해 있던 안면상해(顔面傷害)의 공포는 이렇게 해서 모르는 사이에 실현된 것이다.

한편, 부라크 부인에 관한 의식의 요인을 생각해 보자. 13세라고 하면 소녀가 초경을 경험하고 여성에 눈뜰 시기로 어느 여성에 있어서도 감각이 가장 섬세한 시기라고 말할 수 있다. 그 해에 그녀는 여자친구와 함께 아리조나의 작은 광산촌의 중심가를 걷고 있었다. 이윽고 두 사람

보편 의식(意識)

은 많은 남자들이 항상 떼지어 모이는 광장으로 갔다. 그때 전혀 생각지도 못한 일이 일어났다. 그녀의 팬티고무줄이 끊어진 것이다. 재치있게 그녀는 팬티를 그대로 벗어버리고 걷기 시작했다. 만약 그때 4세가 된 여동생 스지가 뒤따라오고 있지 않았더라면 이 사건은 아무도 눈치채지 못한 채 지나갔을 것이다.

그런데 스지는 언니를 기쁘게 해주고 싶은 심정에서 진흙이 묻은 속옷을 줏어들고 즐거운 듯이 팔을 빙빙 돌리면서 전혀 신경쓰지 않으려 노력하고 있는 언니의 뒤에서 "팬티를 떨어뜨렸어!"라며 큰 소리로 외친 것이다. 그때 부라크 부인이 수십 명의 어른들의 재미있어 하며 웃는 웃음소리에 죽고 싶은 생각을 한 것은 당연했다.

오랫동안 그녀는 이 사건을 의식적으로 잊고 있었다. 그러나 그녀의 잠재의식은 스지와 같은 작은 천사로부터 군중앞에서 죽고 싶을 정도의 부끄러움을 기억하고 있었으며 게다가 그 부끄러운 기억을 두려움으로 발전시키고 있었던 것이다. 부라크 부인의 딸 메기는 4세까지는 손잡고 돌아다니는 것을 좋아하는 아이였다. 그후 우연히 엄마가 당황하게 하는 짓을 하기 시작해서 화가 난 엄마가 매를 들지 않으면 안될 정도였다.

이렇게 해서 메기는 엄마와 함께 외출할 때에는 언제나 매를 맞았다는 사실을 의식하게 되었던 것이다. 사건 당

행복은 어디에서 오는가

일은 그래도 유달리 착한 아이였기 때문에 부라크 부인은 아이스크림을 선물로 사줄려고 생각하고 있었다.

한편 화이트 양은 부라크 집 가까이의 아이스크림 가게에서만 살 수 있는 특유의 아이스크림을 사기 위해서 32 km나 운전해 왔다. 그녀는 부라크 집 바로 맞은 편의 좁은 공간―거기밖에 빈자리가 없었기 때문에―에 주차했다.

마침 그때 부라크 부인은 현관문을 열고 메기라고 하는 살아있는 유도미사일을 화이트 양을 향해서 발사했던 것이다. 서로의 두려움과 기대는 이렇게 해서 구체화되어가고 있었지만, 그녀는 전혀 알 까닭이 없었던 것이다. 메기는 적을 피하지 않고 힘껏 달려가서 화이트 양의 구두 뒤축을 마치 명령이라도 받은 것처럼 걷어찼던 것이다.

다음의 여러가지 문제점을 주의해서 살펴보자.

　3인이 공통적으로 가지고 있는 의식적 요인은 '공포'였다. 화이트 양은 미모와 모델로서의 생계를 잃어버리는 것을 두려워 하고 있었다. 부라크 부인은 많은 사람의 면전에서 부끄러움을 당하거나 자존심이나 명예를 잃어버린다고 하는 공포심에 억압당하고 있었으며 이 공포심의 연상은 그녀의 여동생으로부터 딸에게로 옮겨져 있었다. 메기는 그것과 관련하여 사람들 앞에서 맞는 것에 대한 공포심이 깊숙히 심어져 있었다. 특히 지적되어야 할 것은 세 사람이 각각 가지고 있었던 공포는 인간 본연의 공포가 아니라 학습되어진 것이라는 점이다.

　예를 들면 화이트 양의 경우가 이 이상 길게 계속되었다면 잠재의식은 지배적인 신념의 효과를 어디까지라도 넓혀가려고 하기 때문에 그녀는 치명적인 사고(事故)를 만나서 그녀의 생활을 영원히 망쳐버리는 정도까지 상처 입는 상황을 만들었을지도 모른다.

　그리고 메기의 잠재의식 속에는 '육체적인 고통'과 '군중들의 앞'에 있었다고 하는 상황이 연결되어 있어서 그것이 변하지 않는 한 그녀는 성장함에 따라서 신체의 통증을 느끼는 더욱 중대한 장면을 계속적으로 만들어갈 것이다. 이대로의 상태가 계속되면 그녀의 의식이 실제로 어떠한 모습으로 구체화될 것인가를 예측할 수가 있다.

　10대에는, 학교에서 놀이를 할 때 아무리 해도 잘 되지 않고 자꾸 넘어질 것이다. 그 후 성장했어도 남자친구가 아무런 이유가 없는데도 사람 앞에서 그녀를 손찌검하기도 하며 사랑하는 남편이 전혀 의식하지 않고 자동차 문에 그녀의 손을 끼이게도 할 것이다.

또 이 사건에 나타난 시간을 검토해 보면 잠재의식은 시간이라고 하는 것을 인정하지 않는다는 것이 확실하게 묘사되어 있다.

우리들이 화이트 양에게 그녀 자신의 의식(意識)이 어떻게해서 사고(事故)의 한 원인이 되었는가를 설명했을 때 그녀는 부라크 부인에 대한 소송을 철회하고 손해의 실비만으로 해결할 것에 동의했다. 부라크 부인과 메기는 사건에 관련된 원인을 전부 이해한 다음에 메기가 4세 이전까지 기억하고 있던 엄마와 딸과의 행복한 관계를 다시금 되찾을 수 있었다.

행동에 미치는 힘

지금까지 서술해온 여러가지 보기에서 알 수 있는 것은 의식을 가진 강제적인 영향력에 저항하는 것은 거의 불가능에 가깝다는 것이다. 다른 사람들이 갖는 감추어진 두려움과 기대에 끌려서 몸을 맡긴 결과는 가끔 가정이나 나아가서 더욱 큰 그룹에 있어서 돌이킬 수 없는 사태를

야기시킨다.

일반적으로 공통되는 신념(信念)에 의하면 비만한 사람은 동작이 둔하다. 이와 같은 신념을 가지고 있으면 기성의 경향이 단순히 강화된 것에 지나지 않는다. 그러나 다음에 얘기할 미용체조에 노련한 이 선수는 그 상식을 깨뜨리는 좋은 예외이다.

그는 혼자일 때나 그의 연기를 칭찬하는 사람들의 앞에서는 훌륭한 기술을 유감없이 표현하였다. 그런데 어느날 피서지의 호텔 풀장에서 연습했을 때 평소의 연기 수준에 미치지 못하고 비참하게 실패를 했다. 그때의 관람자들은 그의 능력을 알지 못했기 때문에 "저런 체격의 사람이 그렇게 기민한 운동이 될 리가 있어."하고 단순히 말해버렸다. 그후 실패 원인을 알게 된 그는 다시 시도해서 성공했다.

어느 한 남자는 자기의 장모나 친구로부터 냉담하고 무관심하며 무분별하다는 느낌을 받아왔다. 그가 비교적 단기간에 좋은 남편으로 바뀐 것은 우리들이 그의 아내를 지도해서 "남편은 내가 좋아하는 성격의 사람이다."라고 다른 사람들에게 얘기해서 귀에 들어가도록 시켰을 때부터였다.

이 방법에 의해서 그녀의 어머니나 친구의 신념이 변했을 뿐만 아니라 남편이 가져줬으면 하는 신선하고 세련된

행복은 어디에서 오는가

유형을 아내가 이따금 전화 등으로 이야기하는 가운데 그녀 자신의 의식도 그것을 진정으로 받아들일 수 있을 만큼 변화하는 것을 알 수 있었다.

　확인을 거듭하기 위해서 우리들은 다음의 실험을 실행해 보았다. 스미스 부인은 상당히 마음씨가 곱고 상냥하며 인내심이 많은 부인이었다. 그러나 남편 스미스는 친구인 존스의 영향을 받아 이 사랑스러운 아내의 성격으론 도저히 상상할 수도 없는 행동과 열정을 그녀에게 요구하게 되었다.

　존스의 어머니나 아내는 변덕스러운 성격으로 격정적인 행동을 했기 때문에 존스는 어른이 되어서도 여성 모두가 같은 행동을 한다고 생각했다. 또 그런 행동은 인간 생활을 영위하는 데 있어서 필요한 것이라고 스스로 조건을 지웠다. 스미스는 존스가 가진 잠재적인 예상에 대하여 배우는 과정에서 그도 또한 같은 생각을 갖게 되었다.

　어느날 스미스 부부는 존스집에 초대되었다. 부부가 도착했을 때 우리들의 계획대로 존스 부인은 부재중이었다. "시장보러 나가서 곧 돌아올 거야."라고 존스는 말했다. 조금 이야기를 나눈 다음 스미스와 존스는 탁구를 치기로 했다.

　한편 스미스 부인은 '존스부인이 빨리 돌아와 주었으면 좋겠는데'라고 생각하면서 정원으로 나갔다. 30분쯤 지나

서 스미스 부인은 게임을 하고 있는 두 사람의 옆을 지나
서 현관을 향해 걸어갔다.

　현관을 나올 때 그녀는 우연히 문을 '쾅—' 닫았다. 남
자들은 게임을 계속하고 있었다. 그리고 창을 통해서 그
녀가 이웃의 정원에 서 있는 노인과 대단히 화난 모습으
로 함께 이야기하고 있는 것이 보였다. 스미스는 그녀의
태도 중에, '쾅'하고 문을 닫는 모습, 집안으로 들어오지
않는 모습 등에 생각이 미쳐 지금까지 품어온 기대대로의
조바심을 느끼기 시작했다. 스미스는 밖에 나가서 "제발
화를 내지 말아요."하며 아내에게 부탁하기도 했다.

　한편 존스는 여성의 그러한 태도에는 너무나 익숙해져
있었지만 자기 아내의 부재가 일반적으로 생각할 때 실례
되는 것이라고 알고 있었기 때문에 역시 스미스 부인에게
"제발 집안으로 들어가시죠."라고 권하면서 자기의 난처
한 입장을 이해해 주기를 부탁했다.

　그녀는 평소에 남편의 부탁에 순종적이며 그리고 사교
관계를 중요하게 여기는 사람이었지만, 이때는 반대로 두
사람의 부탁을 완강히 거절하였다. 스미스와 존스는 더욱
더 놀랐으며 게다가 그녀는 점점 더 심하게 화를 냈다.
더욱이 그녀는 남편의 이해심 부족과 존스 부인이 아직도
나타나지 않는, 예의 바르지 못함에 대해 비난했다.

　마침내 스미스 씨가 가장 걱정하고 있었던 것이 일어났

행복은 어디에서 오는가

다. 그녀가 자동차에 올라탄 것이다. 스미스는 아내를 달래려고 했지만 그와 존스가 갖는 공포심이 합해져서 아내의 감정을 폭발시킨 것까지는 알지 못했다. 남편의 말에 귀를 기울이기는커녕 그녀는 자동차를 출발하며 "당신과는 두번 다시 외출하지 않겠어요!"하며 큰소리로 외치면서 떠나갔다.

그 직후 존스 부인이 자동차로 막 돌아와서 스미스와 존스에게 늦게 귀가했음을 정중히 사과하며 대단히 미안해 했다. 그 이유는 자동차의 고장이었지만 그것은 우리들이 그녀가 눈치채지 못한 가운데 그런 상상을 하고 있었기 때문이었다. 존스는 "당신때문에 스미스 부인이 돌아가버렸어. 모두가 즐겁게 기대하고 있던 밤이 엉망이 되어버렸잖아."하며 곧장 아내를 나무랐다. 변명이 궁색해진 존스 부인은 기분이 엉망이 되어서 자기의 아이에게 욕구 불만을 터뜨려서 그 아이는 울기 시작했다.

　이러한 분위기에 휘말려서 고양이는 째지게 외마디 소리를 지르는 잉꼬새에게 덤벼들고 있었다. 그러는 가운데 스미스가 집에 전화했을 때 부인은 그때까지도 화난 목소리로 대답하는 것이었다. 스미스는 "이 말썽은 모두 내 아내 탓이네." 하고 사과하며 존스에게 집까지 태워줄 것을 부탁했다. 세 사람은 스미스 부인이 되돌아오도록 납득시킬 생각이었다. 존스 부인도 출발에 앞서 그녀에게 전화를 해서 다시 와줄 것을 권유했다.

　그들이 도착했을 때 스미스 부인은 존스 부부의 앞에서 남편을 야단치며 함께 가기를 거부했다. 할 수 없이 스미스는 혼자서 존스 부부와 되돌아와서 존스부인과 그들의 자녀들과 함께 재미없는 저녁식사를 하기로 결정했다. 존스 집의 사람들은 모두 '지각 없는' 아내를 가진 스미스에게 동정했다.

　스미스가 다시 집에 돌아갔을 때 아내는 울고 있었다. 그녀는 —실제 그녀에게 죄는 없었지만— 본래의 이성으로 되돌아와 있었다. 그래서 남편에게 용서를 빌었던 것이다. "도대체 내가 어떻게 된 것일까요? 당신과 그렇게 좋은 사람들 앞에서 무어라고 변명할 수 없는 일을 저질러 버렸어요."하며 그녀는 흐느끼며 말하는 것이었다.

　두 세대의 여섯 사람. 그리고 고양이와 잉꼬새가 큰 소

행복은 어디에서 오는가

동을 벌였다. 이것은 어디까지나 존스가 '여성의 행동'에 대해서 고집세게 편견을 가지고 있었기 때문이며, 오히려 그 신념이 스미스의 의식 —같은 경향의 그러나 비교적 근거가 얕은 신념—에 의해서 보강된 결과인 것이다. 여기서 특히 주의해야 할 점은 정신적으로 진정한 내면의 이유를 깨닫지 못하더라도 한 여성의 성격이 완전히 자동적으로 변화할 수 있다는 것이다. 이런 경우 동일한 방법에 따라서 여러가지 목적으로 응용 가능할 것이다. 그것은 규모를 확대해서 말한다면 심리전쟁까지도 가능하게 할 수 있는 것이다.

그 밖의 응용

다른 회사를 능가하여 대대적인 판매를 계속하고 있는 회사는 강력한 의식적 요인을 가지고 있기 때문에 그 제품업계의 통솔력을 장악할 수 있을 정도의 수요를 만들어 내는 것이 가능하다. 판매를 시작했을 때의 상품은 2류품이었을지도 모른다. 그러나 일반대중의 신뢰를 얻으려면 그것이 결정적인 효과가 되어 계속해서 필요한 계량을 만들어 내지 않으면 안된다. 왜냐하면 많은 사람들이 가지고 있는 신념은 긍정적이든 부정적이든 반드시 지배력을 미쳐서 일정한 결과로 돌아오기 때문이다.

보편 의식(意識)

지속적으로 대대적인 광고 캠페인을 벌인 후에는 사람들의 마음속에서 무의식중 제품의 품질과 회사명 또는 등록상표 등이 기억에 남고 그 제품이 정말 좋다라는 인식이 박히게 된다. 한편, 불리한 광고는 같은 정도로 불리하게 작용한다. '어느 제품은 품질이 우수하다'고 믿는 사람이 많으면 많을수록 '품질이 우수하다'고 하는 의식은 점점 확산하게 된다.

비극적인 예를 들어보자. 국무장관이었던 둘레스는 상태가 위급하다고 발표된 다음에 급사했다. 그의 죽음은 자기 자신이나 담당의사들의 의식에 기인되었을 뿐만 아니라 아마 국민전체의 죽음에 대한 공포에 의해서 일어난 것이다.

부두교(敎) ―서인도제도 및 미국남부의 흑인사이에 행해지는 일종의 마교(魔敎)―의 관습중에 다음과 같은 실례가 수도 없이 상세히 기록되어 있다. 대단히 건장한 한 남자가 병상에 드러누웠다. 그는 부족의 사람들로부터 주술에 걸려서 어느 특정한 날에 갑자기 죽는다고 알려진 후, 예고된 그날에 죽었다.

더욱 재미있는 예를 들어보자. 야구시합을 생각해 보자. 광고를 잘해서 야구장에서 구경한 적이 없는 몇백만이라고 하는 사람들의 신념을 설득하는 것이 가능하다면 한편의 야구팀은 실제로 기술면에서 뛰어난 상대팀을 완

행복은 어디에서 오는가

전히 패배시키는 것이 가능하다. 이렇게 보면 유행성 감기나 질병, 실업, 사고 등의 예상률이 어떻게 대체적으로 정확히 맞는 것일까 그 이유를 설명하는 것은 가능하다.

국제적 규모로 본다면 국민들 사이에 빈곤의 의식이 널리 퍼지면 그것은 번영을 획득하려고 하는 정부의 노력을 방해하는 것이 된다. '경기(景氣)의 역전(逆轉)'을 예상하는 인구의 비율이 많으면 주식시장의 내림이나 불경기를 일으키는 원인이 되기도 한다.

국제적인 관계

의식(意識)은 국제관계에 있어서도 역시 마찬가지로 중요한 역할을 행사한다. 왜냐하면 처음에 서술한 것처럼 사람들의 의식은 개인적으로 집단적으로 그리고 전인류적으로 적용되기 때문이다.

현재, 세계를 보면 팔레스타인과 이스라엘, 그리고 한국이나 중국처럼 정치적으로 두개의 세력이 대립해 있는 것도 지상의 개인 개인의 마음속에 흐르는 분열이나 이원성(제2부 2와 4 참고)의 의식이 단순히 세계적인 규모로 나타나 있음에 지나지 않는다.

마침 우리들의 실험에서 두 가족에 휘말려들어 난처했던 주부처럼 한 나라의 지도자가 그의 언동을 오해받을

때가 있다. 그 결과 일반 국민들에게 잠재하는 두려움이
나 기대의 흐름에 이끌려서 그는 노여움이나 분노를 느끼
기도 하며 극단의 경우에는 전쟁선언까지 할 수가 있다.

그런데 자기를 끌어당긴 강한 마음의 영향으로부터 벗
어나서 조용히 생각해보면 자기가 한 행동을 그 자신이
적당히 이유를 붙을 수 없는 경우가 있다. 왜냐하면 **다른
나라 또는 일련의 많은 나라로부터 적대시되고 있는 한
나라의 국가의식은 거기에 상대하는 적의를 분출하지 않
고는 견딜 수가 없기 때문이다.**

여기에서 다시 '의식이 관련한다'고 하는 원리를 이번
에는 전쟁의 경우로 들어보자. 한 예를 들면 미국의 배
메인 호의 침몰이 스페인과 미국 전쟁의 계기가 되었다.
그것은 국민사이에 널리 퍼진 조건반사의 결과에 의한 것
이라고 생각된다. 마찬가지로 루시다니아 호가 독일 잠수

행복은 어디에서 오는가

함에 의해서 어뢰공격 받았을 때 미합중국은 드디어 제1
차 세계대전에 참전했다. 게다가 그 뒤 아리조나 호나
서부 버지니아 호 등 그밖의 미국함선이 일본의 공격기에
의해서 폭파되었을 때 미국이 제2차 세계대전에 참전하
는 결정적인 계기가 된 것이다.

　스웨덴이나 스위스처럼 '평화'와 '조화'의 의식이 강한
국가는 전화(戰禍)의 역사를 수많이 가지고 있는 나라들
보다 국제적인 분쟁으로부터 멀어져 있다. 또 여기에서
우리들이 명심해야 할 것은 이들 국민은 고용이나 보건위
생 그밖의 권리에 대해서 고도의 개인보장이 약속되어 있
다는 것이다.

　어느 나라가 호전적(好戰的)인지 아닌지의 진실의 척도
는 그 정부나 국민이 평화적 의지를 선언하느냐 하지 않
느냐에 달려있는 것이 아니고 무력 전쟁에 참가하여 또는
그러한 나라들과 관계를 가진 횟수인 것이다. 여기에서도
'신념이 되풀이됨에 따라 가속적인 효과를 낳는다고 하는
것은 눈에 보인다. 역사 속에서는 전쟁이 없는 공백기간
이 점점 짧아져 왔다. 전쟁 자체도 점차로 정도를 더해서
보다 큰 손해와 파괴를 불러 일으키고 있다.

　어둡고 비관적인 상황이 국제적으로 강조되어 왔기 때
문에 우리들은 전쟁이나 질병·빈곤·기아 그밖의 비극적
인 세계의식 속에서 살아가고 있다. 우리들의 마음은 관

보편 의식(意識)

심을 기울여서 의식을 집중하는 것을 이런 사실은 재현하
며 재생해 간다. 이미 입증되어 왔지만 여러가지 상황을
미루어 생각해 보면 그것은 또한 이 세계가 직면하는 냉
혹한 장래를 필연적으로 예언하고 있는 것이다.

　이 증대하는 경향을 저지하기 위해서 단호한 그리고 현
명한 국제적인 대항책이 필요하다. 지구상의 전인류의 마
음을 현 시점에서 변화시킨다는 것은 불가능하다고 하더
라도 우리들 자신이 우선 자발적으로 출발함에 따라서 상
상 이상의 유익한 결과를 가져오는 것은 가능할 것이다.

　널리 파급된 비극적 영향을 이기고 일어서기 위해서는
호감이 가는 태도나 행동의 요인이라고 하는 것이 무엇에
의해서 성립되는가를 한 사람 한 사람이 통찰하며 끝까지
지켜보는 것이 필요하다. 우리들은 집단 히스테리의 최면
효과를 단호히 거절하며 극복하지 않으면 안된다. 그것과
동시에 바람직하다고 생각되는 것은 시종일관해서 행동
해 가지 않으면 안된다.

의식(意識)과 자율의지

물질의 본질

지금까지 언급해온 것에서 **의식(意識)은 인간이나 동물뿐만 아니라 물체에도 영향을 미친다**고 하는 것이 분명하게 밝혀졌다. 이 점은 특히 강조되어야 할 것이다. 의식과 물질은 2장에서 제시한 것처럼 전자의 물리적인 성질을 비교해보면 실제로 똑같은 것이다. 그러면 물질은 의식의 결정체로서 지성(知性)을 지니며 또는 현재에 지성적인 존재(知性的存在)라고 하는 결론이 유도된다.

최근의 과학적 조사 결과는 그 사실을 확인하였다. 뉴욕에 있는 록펠러 재단의 파울. A. 웨이스 및 A. 세실 테일러 두 박사에 의해서 그 실험은 실시되었는데 두 박사는 태아의 몸에서 한 기관의 세포를 완전히 바꾸어 넣었

지만 그러나 세포는 놀랄 정도로 재생능력을 발휘하면서 그들이 속해있는 기관들을 —간장이며 신장 등— 완전히 그대로 만들어 내었다.

이 사실은 적당한 조건과 상태에서 세포는 외부로부터의 영향없이 그 자신을 특정의 기관으로서 재차 구성하는 것이 가능하다는 것을 증명하고 있다. 세포는 살아서 움직이는 그들의 특수한 역할에 대해서 독자(獨自)의 정보를 가지고 있는 것이다.

식물도 또한 지성(知性)을 가지고 있다. 노벨상 수상자 버뱅크는 장미를 향해서 말과 감정을 가지고 사랑을 표현하며 외부로부터의 위험을 두려워할 필요가 없다는 것을 계속 주지시켰다. 3세대 후에 장미는 가시를 떨어뜨리고 말았다.

위스콘신 대학의 마크. A. 스탄남 박사와 J. C. 월커 박

행복은 어디에서 오는가

사는 미국 화학협회에서 바나나, 토마토, 완두콩과 같은 식물이 마치 인간이 혈관속의 응혈로 고통스러워 하는 것처럼 그들도 정맥의 응고에 의해서 '발작'이나 '심장마비'를 일으키는 경우가 있다고 발표했다.

메릴랜드 주 버세스다의 미합중국 농림성에 근무하고 있는 조사관 스테링.B. 핸데릭스 씨와 그의 공동연구자들은 하루중의 어느 시간 한 무리의 작은 소나무를 불투명한 보자기로 씌웠다. 겨울이 다가왔다고 느낀 식물은 자신의 생육을 앞당겨서 오히려 몇개월이나 빨리 새싹을 내밀었다.

또 우주공간의 무중력상태를 모방하여 식물을 거꾸로 성장시키기 위해 시험해본 어느 대기업의 과학자들은 그 식물이 혼란해서 '신경쇠약'이나 '고도의 욕구불만'으로 고통스러워 했다는 것을 발표했다.

듀크 대학의 심령학연구소에 있는 라인 박사*의 유명한 실험은 **마음이 물체상에 물리적인 효과를 미칠 수 있다는 것을 증명했다.** 오원짜리 동전이나 십원짜리 동전을 던질 때 특정의 결과에 사념(思念)을 집중해서 그것을 수십 번 시험해 본 결과 우연의 법칙을 훨씬 넘어서 목적을 달성하는 것이 가능했다. 멀리 떨어진 곳으로부터 실제로

---

* The Reach of the Mind, by J.B.Rhine, New York : William Sloane Associates, Inc, 1947, pp. 156~157.

존재하는 물체를 지각(知覺)하는 능력에 있어서도 명확한 증거가 제시되었다. 물체로부터의 거리, 물체의 크기, 그리고 갯수는 그 결과에 영향을 미치지 못했다. 이상은 '물질을 지배하는 마음'에 관한 이론의 단순한 과학적 증명에 지나지 않는다.

사람과 물질

집이나 방, 의류 등이 각각의 소유주의 인격에 부응하는 개성을 가지고 있다고 하는 사실은 '의식(意識)이 물질에 영향을 미친다'고 하는 것을 한층 더 깊이 설명해주고 있다.

공장에서 생산되어 나오는 자동차는 모두 같은 외모이다. 얼마동안 있으면 다른 점이 눈에 뜨인다. 막 완성된 제품은 당연히 '상표의 의식'을 나타내고 있지만 얼마 지나지 않아서 그 소유주의 의식 ―이것이야말로 참으로 개성을 나타내는 것이지만― 을 반영하기 시작한다. 해군부대의 군함이 세월이 지남에 따라 선장이나 승무원의 마음상태나 감정이 반영되어 그 함선 독자(獨自)의 개성을 지녀가는 이유도 여기에 있다. 보기에도 행복해 보이는 사람의 아껴입던 드레스를 어둡고 부정적인 이미지의 여성에게 입히면 칙칙하게 보이며 옷이 빨리 헤어진다.

　이름만 대면 누구나 알 수 있는 한 여배우는 소유물을 끊임없이 칭찬하고 있다. 그녀의 물건은 오랫동안 아름다움이 유지되고 있으며 최신형이란 느낌을 계속해서 주고 있다. 새로운 소유주의 의식은 자신의 개인적인 마음의 상태에 따라서 최초의 제품을 완전히 변경시킨다.

　지금까지 서술해온 것을 정리해보자. 어느 자동차의 구조에 대해서 그 차의 소유주가 다 알고 있다고 신념한다면 그 차는 고장이 없는 만족한 상태를 유지할 것이다. 한편 동일한 차종(車種)이라도 비관적이고 회의적인 의식을 가지고 있는 사람은 자동적으로 상태가 나쁜 자동차를 사기도 하며, 이전에는 다른 사람이 밝은 의식으로 즐겁게 사용하고 있던 자동차를 고장내는 경우도 있다.

　자기의 상관이나 맡은 바 일에 대해서 불만이 많은 비서는 자기도 모르는 사이에 실제로는 결점이 없는 자동타

의식(意識)과 자율의지

자기를 자주 고장내는 경우가 있다.

　의식(意識)이 물질에 영향을 미치는 예를 하나 더 들어 보자. 그것은 유럽과 아메리카의 가옥이 가진 수명의 차이이다. 유럽의 사람들은 몇백 년이나 지난 낡은 집에 익숙해 있어서 거기에서 기분좋게 계속 살아가는 것은 가능하다고 생각하고 있다. 그 결과 건물의 구조는 안정을 보장한다. 거기에 비해서 아메리카에서는 불과 2~30 년밖에 되지 않은 집도 벌써 헐어야 된다고 생각하고 있다. 당연히 그에 해당하는 손상이 나타나며 따라서 그 건물은 파괴되는 것이다.

공간과 우주에의 응용

　인류의 역사 중에서 마음의 작용을 아마 가장 잘 설명해 주고 있는 것이 '비행'의 역사일 것이다. 원시시대의 인간은 공중을 비행한다는 것은 새밖에 할 수 없는 꿈이라고 생각하고 있었다. 그러나 그리스 신화에 나오는 다이달로스와 이카로스의 이야기는 일찍이 하나의 문제제기로서 인류의 의식에 작용해 왔다. 그 결과 각 시대마다 젊은이들은 자신의 정열을 쏟아 '비행하는 일'이 가능하도록 노력해 왔다. 그래서 일반 사람들의 '비행하는 일'에 대한 기대도 서서히 높아져 간 것이다. 레오날드 다빈

치가 최초의 비행기 설계도를 그렸을 때 '인간은 과연 나는 것이 가능할까'라고 하는 문제는 이미 세계적 차원에서 진지하게 논할 수 있게 된 것이다. 유명한 노스트라다무스의 예언도 그 논쟁에 충동질을 한 것에 불과했다. 그로부터 멀지 않아서 인류 최초의 기구가 공중으로 올라가게 되었다.

이와 같이 해서 하늘을 '난다'고 하는 것은 극소수의 대담한 사람들의 의식에서부터 서서히 전인류의 의식에로 변화해간 것이다. 라이트 형제의 최초의 비행은 이런 전 인류의 기대와 신념에 대한 당연한 결과였다. 그러나 사람들은 초기의 비행기 엔진에 대해서는 공통된 불신감을 가지고 있었다. 항공기의 조종사들이나 그들의 육친, 그리고 지상의 정비원들이 안고 있는 이러한 공포심과 불안정한 의식은 수많았던 초기의 비행기 사고 원인이 되었

의식(意識)과 자율의지

다. 이륙하는 비행기 한 대 한 대는 구조나 기술면의 취약성과 함께 전세계인이 대부분 안고 있는 부정적인 심적 태도를 극복하지 않으면 안되었다.

그리고 나서부터 비행기는 한 걸음 한 걸음 발달하여 오늘날 빠르고 안전한 수송기관으로 호평을 받고 있다. 이렇게 되기까지에는 항공회사가 훌륭한 광고선전을 끊임없이 계속해온 것에 힘입은 바 크다.

그러므로 우리들은 부크 로저스나 그밖의 공상과학 이야기가 인류의 진화전반에 있어서 또는 특히 우주비행의 발달에 있어서 중대한 역할을 담당하고 있다는 것을 이해해야 한다.

우리들은 앞에 서술한 사실을 소개하여 그것이 아메리카합중국의 우주개발 노력에 어느 정도 관여하고 있는가에 대해서 논한 적이 있다. 우리들의 연구를 물론 알지 못했을 거라 짐작하지만 소비에트에 의한 60년대의 우주개발의 업적은 적어도 그 논문 가운데 39-40페이지의 내용을 흥미진진하게 반영하고 있다.

"기업이나 국가의 의식, 그리고 전세계의 사람들의 마음을 한데 뭉쳐 '우주비행사는 위대한 업적을 이룩한다.'고 기대하는 것이 가능하다면 그것은 기술이나 비용을 아무리 들여도 얻을 수 없을 정도의 큰 힘을 얻게 될 것이다. 가령 실제로는 로켓트의 성능이 다른 나라보다 뒤떨

행복은 어디에서 오는가

어져 있더라도 거의 30억에 가까운 사람들이 그렇지 않다는 것을 이성적으로 확신하고 있으면 그 힘은 우열(優劣)의 차이를 점차로 좁혀가며 마침내는 자국(自國)을 우위(優位)에 세울 것이다.

앞에 서술한 것처럼 어느 것에 대해서 확신을 가진 집단의 사람 숫자가 많으면 많을수록 거기에 대응하는 결과는 한층 확정적으로 될 것이다. 잠재의식은 그 밑바닥에 있는 기대를 형상으로 나타낼 때까지 언제까지라도 계속 활동한다."

"한편, 발사의 실패를 예상하며 우주개발에 대해서 국가가 노력을 게을리 하고 있는 것을 뉴스에서 발표하면 집단의식은 그대로 받아들여서 단지 경쟁상대의 유리한 입장을 돕는 결과가 될 뿐이다. 의식을 바꾸지 않는 한 상대방의 유리한 입장은 영원히 계속될 것이다.

비유이긴 하지만, 그러나 너무나도 진실한 것은 최고의 애국자임을 자부하는 사람들이 전혀 의식하지 못한 채 마음의 힘을 잘못 사용하기 때문에 이와 같은 경우에는 가끔씩 국가의 이익에 위배되는 적이 있다고 하는 역설이다. 케잎 카나베랄이나 벤덴베르그 공군기지에서 로케트 발사가 있을 때마다 발표는 분명히 그리고 필연적으로 우주개발경쟁에 있어서 지도력을 장악하려고 하는 우리들의 의도에 어긋나 있었다. 그 발표는 우리들의 희망이 잠자고 있는 관의 뚜껑위에 새로운 못을 두드려 박는 듯한 것과 마찬가지였다."

"관리·연구·계획·설계·생산 그리고 발사를 담당하는 전원의 심적 태도가 최종적으로 중대한 결말을 가져온다고 하는 것을 잊어서는 안된다. 완전한 조화와 그 방면에 관한 전문가의 심리적 협력이 없으면 첨단의 과학을 이용한 미사일이나 전자공학의 개발은 무익한 것이다."

"기업이 가지는 의식이나 정부관계기관의 의식을 각 부처의 차원에서 보면 지금까지 서술해온 것과 같이 개인이 새로운 생활 유형을 얻기 위해서 하는 방법과 같은 방식에 의해서 개선해 가는 것이 가능하다. 따라서 정말 중요한 것은 생산능률의 전문가(숙련공)가 아니라 마음의 숙련공이라고 말하지 않으면 안된다."

산업계나 정부내의 계몽운동 지도자들은 지금이야말로 이 중대한 문제를 조사하여 우주계획에 대한 현재의 경향을 전환하기 위해서 효과적인 방법을 제시하지 않으면 안된다. 왜냐하면 의식(意識)이 인간의 행동과 기계의 성능 등에 강력한 영향을 미친다고 하는 것을 파악하지 못했다고 하는 다만 그것만의 이유로 우주계획에 투입되는 거액의 비용과 많은 사람들의 노력 등이 헛되이 사용되어 흘러가 버릴지도 모르기 때문이다.

행복은 어디에서 오는가

제2부

당신의 의식(意識)을 일깨우자

입 문

　제1부에서는 이 책의 주제를 간단히 소개했다. 마음의 법칙을 다루는 이 문제는 너무나 복잡 미묘하여 상세하게 깊이 파고 들어가기 위해서는 각 항마다에서 많은 참고서적이 필요하다. 그러나 그와 같이 상세하게 완성하는 것이 지금 우리들의 목적이 아니다. 독자는 어느 특정한 원리를 알기 쉽게 일반적으로 설명해주기를 바라고 있다. 또 그 원리를 이해함에 따라서 자기의 의식(意識)이 고양되며 생활이나 대인관계에서 반드시 좋은 결과를 가져온다고 생각하고 있음에 틀림없다. 그 점에 있어서는 충분히 설명해 왔다고 생각한다.

　제1부에서는 당신이 앉아있는 그 의자가 하나의 결과임을 서술해 왔다. 의자의 원인은 디자이너의 마음속에

떠오르는 아이디어였다. 그 의자를 개량하는 데는 원인이
되는 아이디어나 청사진을 변경하지 않으면 안된다. 마찬
가지로 당신의 결혼이나 직업, 사회적 지위 등은 하나의
결과이기 때문에 그 밑바닥에 흐르고 있는 의식을 바꾸지
않는다면 개선은 매우 어려울 것이다.

당신이 가능한한 짧은 기간 안에 최고의 효과를 기대한
다면 관련이 있는 부분을 읽은 후에 다음 열가지 항목의
단계를 실행할 것을 권하고 싶다.

1. 자기를 '성공자'라고 생각하자.
2. 결심하자.
3. 자기를 사랑하자(적어도 좋아하자).
4. 타인을 사랑하자(적어도 좋아하자).
5. '하면 된다'고 생각하자.
6. 모든 것을 선(善)으로 보자.
7. 시작했으면 끝까지 하자.
8. '풍요롭게' 살아가자.
9. 타협하지 말자.
10. 인내심을 가지자.

자기를 '성공자'라고 생각하자

　당신이 당신 자신을 얕볼 때 당신은 자신의 마음을 향해서 '나는 쓸모없는 인간이다'든가 '나는 실패자이다'라고 설득하고 있는 것이다. 즉 자기의 잠재의식에 더욱 실패를 거듭하도록 명령하고 있는 것과 같다. 거기에 더해서 당신의 의식(意識)을 반영하는 주변의 사람들도 당신을 하찮게 여길 것이다. 치료의 방법은 무엇일까? 성공자가 되는 것이다!

　우선, 성공이라고 하는 것은 무엇일까? 어떤 사람은 자기가 6개월간 일을 계속할 수 있다면 그것을 성공이라고 생각할지도 모른다. 연간 2천만 원의 수입을 얻을 수 있으면 세상에서 가장 행복하다고 느낄 사람도 있을 것이다. 또 아내와 말다툼 없이 하루를 보내면 목표에 '도달

했다'고 생각하는 사람도 있다. 성공이라고 하는 것은 보기와 같이 상대적인 것이다. 순전히 당신의 마음 먹기에 따른 것일 뿐이다.

당신이 "나는 어째서 아무 쓸모도 없는 인간일까?"라고 느꼈을 때에는 언제라도 이제 막 걷기 시작한 유아의 입장과 비교해보면 좋을 것이다. 그래서 이 아이가 엉금엉금 기어다니기도 하고 비틀거리기도 하며 돌부리에 채여서 넘어지기도 한다고 해서 당신은 그 아이를 꾸짖지는 않을 것이다. 이런 동작 하나하나가 걷는 것을 기억하기 위해서 필요하고 정상적이며 그리고 자연적인 과정인 것이다. 만약 어린아이가 걷는 요령을 터득한 것을 '성공'이라고 한다면 막 걷기 시작한 단계에서 넘어지기도 하는 것을 피할 수 없는 '실패'라고 간주할 수 있을까?

그것과 마찬가지로 보다 좋은 남편이나 세일즈맨, 주부

행복은 어디에서 오는가

또는 경영자나 관리자가 되기 위해서는 엉금엉금 기는 것에서부터 일어서서 걸을 수 있게 되기까지의 유아(幼兒)의 경우와 똑같은 보편적인 과정을 거치지 않으면 안된다. 당신의 입장이 어떤 것이라 해도 —이 유아의 경우에 들어맞기 때문에— 만약 여기에 서술되어 있는 대로 원리를 시험해 보고 계속 적용해간다면 당신은 반드시 목표에 도달할 것이다. 그러므로 가령 무엇인가를 실패했다고 하더라도 당신은 이미 성공하고 있는 것이다. 왜냐하면 진정한 성공을 위해서 당신은 실패를 경험하지 않으면 안되기 때문이다. 그리고 실패라고 하는 것은 어린아이가 비틀거리기도 하며 넘어지기도 하는 것과 마찬가지로 성공의 일부분인 것이다.

미국 공군이 미사일을 사용할 수 있기까지는 수많은 시험작품이 폭파되었으며 오랫동안 목표수준에 도달하는 것이 불가능했다. 판매활동을 예를 들어 보아도 그렇다. 특히 판매담당자가 경험이 부족한 초기의 경우에는 몇번이나 거절당하는 쓰라린 경험을 체험한나. 그 다음에야 비로소 좋은 결과를 달성하는 것이다.

마음이라고 하는 것은 현재의 자기, 아니면 현재의 자기라고 생각하는 것을 출발점으로 하기 때문에 지금 당신이 이미 성공하고 있는 모습에 마음을 집중하라. 당신의 능력과 어울리는 목표에 촛점을 계속 맞추어서 뜻을 둔

자기를 '성공자'라고 생각하자

곳에 노력을 기울이자. 지난 주에 방문한 손님이 '틀렸다'고 말한 아홉가지 조건을 끙끙 앓는 대신에 달성된 한가지 조건의 경우를 깊이 파고들어 생각해보자. 사실 각각의 경우에서 당신은 중요한 것을 배우고 있는 것이다. 다음부터는 무엇을 해서는 안되는 것일까? 자기나 상품을 더욱 효과적으로 팔기 위해서는 어떻게 하면 좋을까? 하고 고민해 보자. 얻는 것이 반드시 있을 것이다.

이와 같은 관점에서 보면, 당신의 경험이나 일, 노력의 하나하나가 디딤돌이 되어서 당신을 목표를 향해 인도해 주고 있다는 것을 알 수 있다. 이것은 사실 목표달성에 없어서는 안되는 부분이다. 따라서 당신은 항상 성공자인 것이다.

지금 이 순간부터 성공자로서 행동할 수 있도록 하자. 당신과 동일한 연구분야에서 성공한 사람들과 교제하자. 성공을 생각하며 성공을 이야기하며 그리고 성공을 느낄 수 있도록 되기까지 당신의 의식을 집중하라. 어떠한 경우에도 자기가 '실패'나 '부정'의 한 부분이 되는 것을 거부하자. 지금부터 어떤 경우에도 '성공'의 의식을 가지고 행동에 임하면 당신의 마음은 일에 있어서 생활에 있어서 그것에 어울리는 발전을 당장이라도 만들어 줄 것이다.

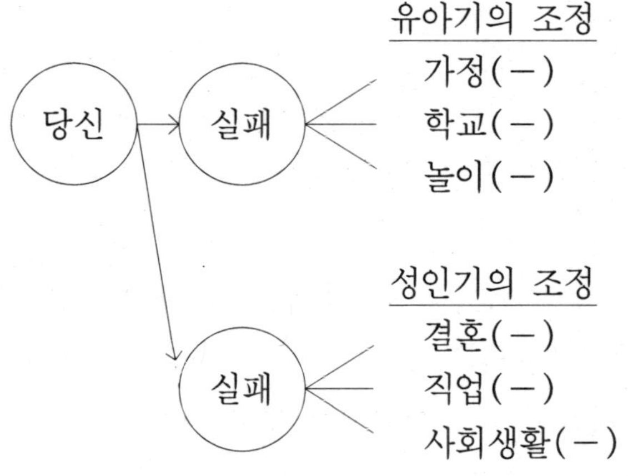

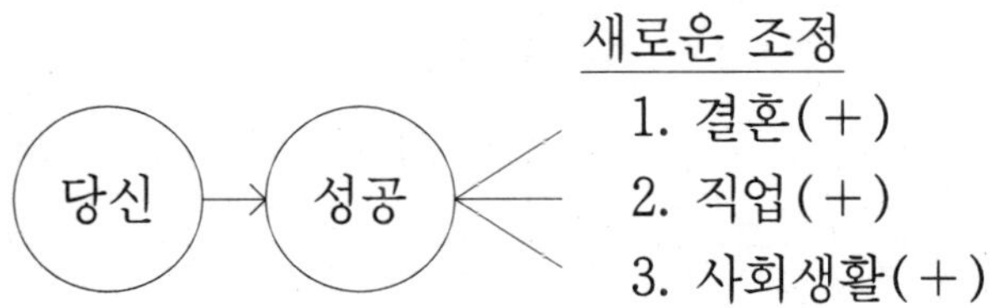

〈그림 1〉 조정된 개념의 효과

자기를 '성공자'라고 생각하자

결심하자

'결심'의 능력은 성공에 있어서 필요불가결한 조건이다. 우리들은 누구나 매일 마음속으로 결심을 하고 있다. 그러나 이해하지 않으면 안되는 것은 행동을 동반하지 않는 결심은 결심이 아니라고 하는 것이다. 가령 우리들이 결혼이나 투자, 여행이라고 하는 행동을 일으켰다고 해도 그것은 실패할지도 모른다. 이유는 간단하다. 그 결심을 굳게 지니고 주장하며 믿는 것을 우리들이 배우지 않았든가 아니면 그것을 자기 자신에게 타이르지 않았기 때문이다.

우리들의 마음은 일회에 하나의 방향밖에 결과를 창안해내지 못한다. 우리들의 내면의 깊은 영혼 즉, 최고의 혹은 제3의 존재는 항상 적극적이다. 영혼은 '나에게 불가능은 없다'고 주장하고 있다. 그러나 마음이 그 소리와

일치했을 때만이 그 주장은 자유로이 흘러나와서 우리들의 노력에 성공을 가져다 주는 것이다. 마음(心 : mind)은 지금까지 배워온 것에 한정되어 적극적이든가 부정적이든가 또는 중립적이든가의 어느 것이라도 있을 수 있는 것이다. 신체나 동작은 다만 마음이 명령하는 것에 따라서 움직이고 있음에 지나지 않는다.

어린이의 마음도 어른의 다음도 모두 마찬가지이다. 행동하기 위해서는 납득이 가는 정당한 이유를 요구한다. 만약 우리들이 10세의 도미에게 "밖에 나가서 놀아라"하고 말해도 그는 투덜거리든지 혹은 나가려고 하지 않을 것이다. 이때 "지미가 와 있네!"(지미는 놀이 친구이다)라고 말하면 곧 밖으로 나갈 것이다. 그런데 만약 "스미스가 밖에서 기다리고 있어."(스미스의 자동차 앞 유리를 어제 도미가 깼다)라고 말했다면 그는 눈도 깜짝거리지 않을 것이다. 또는 "미스 존스가 현관에 와 있어."(그녀는 도미의 선생이다)라고 말리면 도미는 마지못해 하면서 궁둥이를 들 것이다. 왜냐하면 도미는 그녀가 칭찬하러 왔는지 꾸중하러 왔는지 아니면 잠깐 그냥 만나러 왔을뿐인지 알 수 없기 때문이다.

이것과 마찬가지로 우리들은 자기가 하고자 하는 방향에 따라서 결정을 내리고 그것을 굳게 지켜나가지 않으면 안된다.

결심을 망설이고 있다거나, 결심이 서지 않거나, 한 번 결심한 것이 지켜지지 않거나 하는 원인들은 모두 우리들의 유아시절에 기인하고 있다. 이미 그때부터 혼란이나 방심이 시작되고 있었기 때문이다.

도미에게 아빠는 "공놀이를 해도 좋아"라고 말하며, 엄마는 "하면 안돼!"라고 말했다면 도미는 공놀이를 하고 싶기 때문에 아빠의 허락을 기뻐하며 공놀이를 하려고 한다. 그러면 잔디깎기 작업의 경우는 어떻게 될까? 아빠는 "해"라고 말했고 엄마는 반대로 "하지 않아도 좋아."라고 말했다고 가정하자. 이번에는 도미는 부정적인 쪽 즉 엄마의 말을 선택하려고 한다.

우리들은 태어나면서부터 게으름뱅이여서 가능한한 힘들이지 않는 쪽을 선택하는 경향이 있다. 우리들 중에서 아무 목적도 없이 활동하는 사람은 어느 누구도 없다. 우

행복은 어디에서 오는가

리들이·행동을 개시하는 데는 무언가의 욕구에 대한 충분한 이유가 강한 동기 또는 강제력으로 작용해야 한다.

중요한 문제는 같은 'Yes'라고 하는 말이 우리들의 마음에 완전히 정반대의 감정 —하나는 적극적이며 다른 하나는 부정적인 감정— 을 일으킨다고 하는 것이다. 'No'라고 하는 말에 대해서도 완전히 마찬가지임을 알 수 있다. 우리들의 반응은 이들 두개의 말이 나타내는 내용에 따라서 완전히 좌우되는 것이다. 도미가 혼동한 것도 무리는 아니다. "친구 집에 가도 돼요?"라든가 "친구와 함께 놀아도 좋아요."라고 물었을 때 부모의 의견이 어느 때는 허락했다가 어느 때는 납득이 가는 설명도 하지 않은 채 허락하지 않는다면 그의 혼란은 점점 심해질 것이다.

도미가 성장함에 있어서 이와 같이 자라온 그의 잠재의식은 직업, 결혼 그밖의 중대한 것을 결정할 때에 항상 시이소오와 같이 흔들리게 된다. 이 혼란에 우유부단함이 더해진다. 우리들의 내부에서 어떻게 해서 혼란이 생겨나는지를 다음에서 살펴보자.

어느날 식탁에서 아직 어린아이가 숟가락을 떨어뜨렸다. 부모는 책망은커녕 부드럽게 미소 짓는다. 어린이는 이 다음에도 그것과 똑같은 처분을 기대하는 것은 당연할 것이다. 그런데 분위기가 그다지 부드럽지 않은 어느날, 마찬가지로 숟가락을 떨어뜨렸을 때 이전에는 부드럽게

미소지어준 부모로부터 그 아이는 갑자기 손찌검을 당하기도 하고 꾸지람을 듣기도 한다. 그 순간부터 어린이는 자기의 여러가지의 행동에 대한 결과를 두려워하게 된다. 어른이 되고나서 그 공포심은 실패나 좌절, 더욱 심한 경우에는 육체상의 상해라고 하는 형태로 심리적인 손찌검을 실현할지도 모른다.

예를 들면 당신이 중대한 결심을 하지 않으면 안될 때에 우유부단했다고 가정해 보자. 5백만 원의 투자가 위험하게 되었든가 새로운 분야의 일이 지금 당신의 결정을 기다리고 있다. 이때, 당신이 보이고 있는 우유부단함은 지금 당신이 직면하고 있으며 선택을 강요당하고 있는 그것과는 아무런 관계가 없는 '공포심'의 결과인 것이다. 그것은 당신이 어릴 적 어린이용 숟가락을 떨어뜨렸다던가 학교로부터 귀가가 늦어져서 꾸중들었을 때의 공포심이 만들어 낸 것이다. 그래서 당신은 그 우유부단이라고 하는 유아시대의 성격유형을 지금 완전히 파괴하려고 하고 있는 것이다. 지금이야말로 다음에 예를 든 3단계의 박자를 밟아서 행동을 실행에 옮기지 않으면 안된다.

① 당신이 이해하는 범위내에서 현재 결정하려고 하는 것을 여러 각도에서 철저히 검토하라. 찬반의 양론을 현실의 것으로 생각해서 고찰하라. 결과의 하나하나에 대해서 숙고하라. 관련되는 모든 문제를 주의깊게 고찰할 때까지 결론을 내려서는 안된다. 시장보기나 여행, 일 등에 있어서 결심할 때에도 적당한 선에서 타협하려고 해서는 안된다. 당신의 낡은 잠재적 습성은 당신을 이 습관된 방향으로 기울게 해서 빠뜨리려고 할 지도 모른다. 이 사실에 눈을 떠라. 지금까지와는 반대의 방향으로 행동하라. 그래서 당신의 의식을 그곳에서 확실하게 불러 일깨우는 것이다.

② 결심하라. 마음이 내키지 않는데도 무계획하게 형편되어가는 대로 하는 결심이 아니고 확실한, 결정적인 그리고 최종적인 결단을 내리는 것이다. 그리고 나서 당신이 결심한 대로 행동을 옮겨라. 이 '행동'이라고 하는 중대한 박자를 동반하지 않는다면 그것은 결심이 아니다.

③ 결심을 지켜라. 결심을 내린 뒤 잠재의식은 그것에 반항하여 반발할 것이다. 주위의 사람들은 당신 마음속의 잠재적 의혹이나 과거의 유형을 계속해서 반영하며 당신이 결심한 방향이 얼마나 어리석었는지를 납득시키려고 할 것이다. 그러나 그것에 동의해서는 안된다. 당신의 결심을 굳게 지켜라. 그 결심을 무너뜨리지 않기 위해서 왜 그것을 결심했는지를, 왜 그것을 지키지 않으면 안되는 것인가를 모든 이유를 찾아내어 자기에게 들려주며 그 결심에 부정적인 것은 절대 생각해서는 안된다. 만약 당신에게 그 시련에 굴하지 않는 강한 인내심이 있다면 당신의 결심은 그대로 성공할 것이다.

걷는 방향을 기억하는 것과 마찬가지로 당신은 결심한 것을 조직적으로 기억하지 않으면 안된다. 만약 최초의 순간 당신의 결심 결과가 나쁘게 나타났다고 해도 그것은 우선 과거의 '나쁜' 유형의 결과인 것이기 때문에 포기해서는 안된다. **당신이 하나의 결심을 했다고 하는 사실이 당신을 승자로 만드는 것이다. 당신이 굴하지 않고 전진할 때 마침내 당신이 내린 결심이 바르게 확실히 되어가는 것이다.** 장래를 결정하는 듯한 중대한 결심을 내리기 전에 보다 작은 일들을 결정하는 것에 의해서 당신 자신을 훈련하라. 예를 들면 오늘 하루의 상세한 예정을 계획

세워보자. 내일 무엇을 입을까를 결정하자. 당신의 결심을 반드시 실행하자. 그것으로부터 시작해서 다음에 중요한 일을 결심하도록 하자.

이 방법에 의해서 당신은 다음 두 개의 중요한 목적을 달성할 수 있다.

㉠ 당신은 자기가 바라는 일에 마음을 집중시킨다고 하는 마음의 훈련이 된다.

㉡ 작은 일을 결정해서 행동에 옮기는 것에 따라서 당신은 상당히 복잡한 일을 해결하는 능력을 획득하는 것이 가능하다.

이와 같이 당신이 강한 인내심으로 실천해가면 가까운 날에 당신은 마음을 향해서 명령을 내리는 것이 가능하게 된다. 당신은 당신 자신을 지배한 것이다. 그리고 나서는 결혼·직업·운동경기 등의 더욱 중요한 목표에도 손쉽게 도달하게 될 것이다.

자기를 사랑하자(적어도 좋아하자)

'나는 아무런 도움이 되지 않는 인간이다'든가 '쓸모없는 인간이다'라고 하는 생각에 빠지기 쉬운 사람이 있다. 그러한 사람들은 보통 다른 사람들로부터 그것과 비슷한 말을 들어 온 것에 영향을 받고 있는 것이다. 부모나 선생이 거듭 반복해서 말하기를 그 사람을 과소평가 해왔기 때문에 그의 잠재적 행동유형은 표현된 대로의 방향으로 형성되고 있는 것이다. 자기가 도움이 되지 않는다든가 비뚤어진 성격이라고 하는 신념(信念)을 잠재적으로 마음속에 심어버리면 그것은 세월이 지남에 따라 그 자신을 더욱 꾸짖을 만한 상황으로 반드시 몰고갈 것이다.

또 그렇게 말하는 사람들은 '다른 사람에 비해서 열등하다'고 자기비하(自己卑下)하는 경향을 아버지나 어머니

행복은 어디에서 오는가

에 의해서 배워온 것도 있을 것이다. 그래서 만약 가장 처음에 비교된 상대가 공부도 체육도 자기보다 훨씬 뛰어난 형제였을 경우, 그 사람의 마음은 더욱 자기평가를 낮추어 갈 것이다.

'결점이 있다'든가 '도움이 되지 않는다'든가 '열등하다'고 하는 등등의 의식(意識)을 해서는 안된다. ―단순히 이렇게 말하는 것만으로는 아무 것도 얻을 것이 없을 지도 모른다. 가슴이 아플 정도로 사무치는 간절함으로 충분히 자기 자신을 납득시키지 않으면 안된다. 다음에 한 예를 인용해 본다.

인생의 목적을 찾는 사람은 우라늄에 비교된다. 몇십억 년 동안 이 금속은 땅속에 파묻힌 채 그대로였다. 웹스터 스탠다드 사전의 1903년도 판에는 우라늄은 '아무 쓸모

자기를 사랑하자

없다'고 나와있다. 그러나 요즘에 와서 과학은 우리늄이 값이 비싸며 대단히 이용가치가 높은 물질이라는 것을 분명히 밝혔다. 이것과 마찬가지로 창조물 중에서 불필요한 것은 어느 것 하나도 있을 수 없는 것이다.

인간도 −전체의 중요한 일부분이기 때문에− 예외는 아니다. 우리들 한 사람 한 사람이 존재하는 목적을 가지고 있다. 언젠가는 우리들은 그 목적을 찾아낼 것이다. 시행착오를 거쳐서 혹은 필요에 의해서 아니면 돌연히 뭔가를 깨달은 것 같은 모습으로 우리들은 반드시 그것을 발견할 것이다.

순진무구한 유아들은 피부색이나 그밖의 이유로 서로간에 차별하지 않는다. 이에 비해서 어른은 자기를 타인과 비교해서 높은 위치 또는 낮은 위치에 있다고 여기도록 학습되어 왔다. 그 학습의 결과는 누구도 피할 수 없을 것이다. 생명은 우리들의 위대한 교사이다. 아메리카합중국의 독립선언에서 전 인류는 평등하다고 선언하고 있다. 그러나 그때 당시 대부분의 사람들은 이 선언을 종교적 이상향에 빠진, 현실에 위배되는 것이라고 간주하여 거의 관심을 기울이지 않았다. 그들은 "청소부가 대통령과 평등하다고?"라고 말하며 냉소했다.

그러면 왜 인간은 평등하다고 말할 수 있는 것일까? 그 이유가 여기에 있다. "두 개의 물건이 동일한 하나의 물건과 똑같을 때 그 두 개는 상호간에 평등하다.”고 수학은 가르치고 있다. 전화와 램프를 예로 들어서 생각해 보자. 어떻게 해서 이 두 개는 평등한 것일까? 전화는 사용하기 위해서 만들어졌다. 램프도 또한 사용하기 위해서 만들어졌다. 두 개의 제품은 ‘사용’이라고 하는 동일한 점에서 공통하고 있기 때문에 서로간에 평등한 것이다. 또 ‘독특’하다고 하는 점에서도 평등하다. 그밖의 어떤 기구도 램프 이외에 램프로서 사용될 수 있는 것은 없다. 전화도 마찬가지다. 이들 물건이 왜 평등한 것인가라고 하는 세번째의 이유는 양쪽이 모두 ‘독점적’이라고 하는 것이다. 전화는 램프로써 사용할 수 없으며 램프는 전화로써의 도움을 줄 수 없다.

같은 이론이 인간에게도 적용된다. 우리들은 모두 독특한 개성을 지닌 인간이다. 지구상에는 50억이 넘는 인간이 있지만 **당신과 똑같은 지문, 동일한 의식의 유형,** 완전히 동질의 재능이나 능력을 가진 사람은 당신 이외에는 어느 누구도 없다. 당신은 오직 당신만의 사용 가치, 유일성, 독자성을 가지고 있는 것이다. 그러므로 결코 당신 자신을 값싸게 팔아서는 안된다! ‘당신’이라고 하는 한 개의 돌이 없으면 ‘생명’이라고 하는 모자이크 전체가 미완성인 것이다.

　당신은 자기의 연령·교육·인종·국적·성별·경력·직업 등이 자기에게 있어서 불리하다고 생각할지도 모른다. 당신이 그렇게 믿고 있기 때문에 더욱 스스로 자기 자신에게 핸디캡을 가지고 있는 것이다. 다행하게도 앞에서 서술한 것처럼 인간동지(人間同志)의 사이에 편견은 시대의 흐름과 함께 감소하고 있다. 이 감소 경향의 속도를 당신은 재촉할 수 있는 것이다. 예를 들면 연령에 대해서 생각해 보자.

　중세(中世) 인간의 평균수명은 25세였다. 아프리카의 여러나라 중에는 지금도 이 평균을 겨우 넘어서고 있는 곳도 있다. 수세기를 지나서 우리들의 수명은 점차로 70세에서 80세 더우기 100세까지 기대할 수 있게 되었다. 이 진보의 원인은 일반적으로 생각하면 의학이나 풍부한 영양 그리고 사회조건이라고 할 것이다. 이러한 분야의

행복은 어디에서 오는가

공헌도 적지 않기 때문에 무시할 수는 없다.

그러나 평균수명이 늘어난 참 원인은 실은 '의식(意識 : consciousness)'인 것이다. 재능을 완전히 살려내어 원숙한 노년을 보내고 있는 사람들을 우리들은 점점 더 자주 보게 되었다. 세계적으로 저명한 많은 사람들의 경우를 생각해 보면 '연령'이나 '쇠약'이 잠재의식이 오염되지 않는 한 인간수명에 영향을 끼치지 않는다는 것을 알 수 있다.

당신은 할아버지가 60세 가까이 되면서 지팡이에 의존해서 걷게 되는 것을 본 일이 있을 것이다. 혹은 유명한 의사가 하는 서른살은 '정력의 절정'이라고 하는 말을 확신하고 있을지도 모른다. 그 연령에 달하면 당신의 잠재의식은 믿었던 대로 건강의 쇠약을 여실히 나타낸다. 그러나 티벳에 사는 어떤 사람들은 100세 혹은 그 이상의 평균수명을 즐기고 있다. 특별히 식이요법을 하는 것도 아니고, 약도 먹지 않으며, 기후의 혜택을 받고 있는 것도 아닌데 건강하게 일을 하고 있는 것이다. 당신이 1조(一兆)의 세포군을 지휘하는 총사령관이라는 것을 잊어서는 안된다. '노령화'나 '육체의 쇠약'에 있어서 당신이 생각하는 하나하나의 생각을 이들 충실한 병사들은 정확히 육체상에 나타낸다. 반대로 당신이 젊디 젊은 용모나 능력을 생각하면 당신의 병사들은 또 완벽하게 이 순간부터

자기를 사랑하자

당신이 생각한 대로의 젊음을 지속시키며 능력을 회복시켜 줄 것이다.

이 진리를 깨달아서 이용하는 사람들의 숫자가 많아질 때 조기의 정년퇴직이나 육체기능의 쇠약 그리고 연령에 의한 차별은 과거의 유산으로 치부될 것이다. 결론적으로 말하면 지금 당신은 성공적이며 행복한 생활을 실현하기 위한 꼭 알맞은 연령에 처해 있는 것이다.

당신은 당신의 키·체중·모습 등이 마음에 들지 않을지도 모른다. 이 태도도 또한 주변의 사람이 당신 자신을 그렇게 믿도록 하게 한 결과인 것이다. 정말로 이치에 맞지 않는 것이다. 당신이 내성적인 성격의 소유자라는 이유로 주변 사람들이 당신을 싫어하기도 하며 당신의 약점을 지적하기도 할 것이다. 그러나 우리가 당신에게 권하는 것은 당신의 좋은 재산—호감이 가는 성격이며 특별한 재능이며—에 혜택을 받고 있다는 것을 인정하며 그것을 의식하게끔 하는 것이다. 또 가능한한 노력을 해서 당신의 모습을 훌륭하게 가꾸어 가도록 하는 것이다.

당신이 당신 자신을 낮게 평가하는 것은 그와 같이 다른 사람들로부터 암시받았으며 배웠기 때문에 나오는 결과라는 것을 잊어서는 안된다. 이 점을 깨닫는 것만으로도 새로운 자기 자신을 발견하는데 도움이 된다.

현재의 자기, 지금까지의 행동, 그리고 과거의 경험을

변화시키는 것은 불가능하다. 그러나 그것에 대한 당신의 태도를 변화시키는 것은 가능하다. 이 책을 읽고 지금 당신이 무언가를 알며 그래서 지금의 당신을 변화시킨다면 당신은 반드시 지금까지와는 완전히 다른 행동을 취할 것이다.

갓난아기가 담요를 적셨다고 해서 당신은 그 아이를 꾸중할 것인가? 갓난아기는 발육의 단계에 따라서 언제나 자기의 전력을 다하고 있다. 마찬가지로 당신도 같은 경우라고 말할 수 있는 것이다. 당신은 그때 그것이 올바르다고 생각했기 때문에, 그래서 그때는 의식(意識)의 힘을 이해할 수 없었기 때문에 그렇게 실행한 것이다. 당신과 똑같은 입장에 있으면 누구라도 똑같은 행동을 했을 것이다.

당신이 과거의 사건이나 경험으로부터 이익을 얻었다면 그것은 우연하지만 다행스런 일이다. 과거의 잘못이나 가슴 아픔을 두번 다시 장래에 반영하지 않도록 하자. 결코 반복해서는 안된다.

오늘은 새로운 하루이다. 새롭게 열린 오늘을 마음껏 기뻐하며 살아가자. 당신은 육체적인, 정신적인 유아기로부터 훌륭한 성인으로 성장해 왔다. 그래서 당신이 한 일, 당신에게 일어난 일, 또 당신이 배워서 얻은 것은 보다 큰 마음의 평화와 만족을 당신에게 가져다 줄 것이다.

자기 자신을 용서하자. 자기 자신을 받아들이자. 자기 자신을 좋아하자. 자기 자신을 존경하며 사랑할 것을 염두에 두자. 그리고 더욱 중요한 것은 자기 자신을 이해하는 것이다.

주변의 사람들은 당신의 마음을 반영해서 당신을 중요하게 대접한다. 당신이 어느 정도 발전했는가를 스스로 말하지 않고는 있을 수 없는 일이다.

타인을 사랑하자 (적어도 좋아하자)

　'사랑한다'고 하는 것은 우선 그만두고라도 사람을 '좋아한다'고 하는 것은 많은 사람들에게 있어 대단히 어려운 것이다. 이것도 역시 어린시절에 심어진 습성의 결과인 것이다.

　유아는 자신의 환경이나 주변의 사람들을 알아 볼 수 있게 되기까지는 보통은 '좋다, 싫다'라고 하는 선입관념을 가지고 있지 않은 것 같다. 그런데 지금까지 알고 있던 것보다는 훨씬 일찍부터 유아는 환경에 적응해서 거기에 반응한다고 하는 이론이 연이어 나오고 있다. 그것에 의하면 어머니 자궁에 갇혀 있었던 일, 출산시의 고통, 몸이 작고 서투른 것 등에 대한 역작용으로 유아는 타인에 대한 반응이 빨라지는 수가 있다고 한다. 또 어떤 경

우에는 알지 못하는 것에의 두려움이 반응을 촉진하기도
한다. 그래서 이 두려움은 훗날에 실제로 존재하는 위협,
혹은 상상(想像)의 협박관념과도 연결되어 이 아이가 '동
생'이나 '개'와 함께 있는 상황이 그 아이의 안전을 협박
하게 되기도 한다.

　마음은 유아기의 경험이나 인상을 적극적으로, 한층 더
큰 규모로 재생해 가는 경향을 띠고 있기 때문에 앞에 서
술한 듯한 부정적인 마음의 태도를 가지고 있는 유아는
성장하고나서 보다 더 큰 반응을 불러 일으킨다든지 또는
공포에 찬 경험을 자기 자신에게 끌어당기게 된다. 반응
하는 대상은 변해갈 것이다. 예를 들면 '개'에 대한 공포
는 '모르는 사람'이나 '외국인'이나 '경제적 불안정' 등등
에로 옮겨갈 것이다. 그러나 원인이 되는 감정은 변하지
않은 채 남아있는 것이다.

가령 유아가 출생 전이나 그 기간 중 혹은 출생직후에 앞에서 서술한 조건에 완전히 영향을 받지 않았다고 해도 식사시간이 불규칙하거나, 부모의 의견이 엇갈리거나, 예기치 않은 일이 일어나거나, 불친절한 일을 당하기라도 하면 '분노'라고 하는 것을 경험하게 된다. 이 유아기의 분노는 특히 타인으로부터 거듭해서 불쾌한 대우를 받으면 점점 높아져 간다.

의식이 아직 발달하지 못한 유아는 다른 사람들의 감정에 대해서 —그것이 아무리 주의깊게 숨겨져 있다고 해도— 정확하게 반응한다. 어른으로부터 보여지는 사랑이나 무관심, 미움에 대해서 유아는 자기 자신의 반응을 숨기는 방법을 알지 못한다. 유아들은 한 점의 티끌도 없는 반사경이라고 할 수 있다. 이 점에서 그들은 동물과 비슷하다.

신체의 크기나 그밖의 조건, 또 부모의 권위 등에 의해서 유아는 가끔 자기 주장을 억압당해왔기 때문에 마치 증기가 꽉 차 있는 보일러와 같이 그 분노는 겹겹히 쌓여간다. 이 분노는 마침내 적대심이나 노골적인 미움으로 변해간다. 그래서 드디어는 —늦어도 의식의 형성기 사이에— 그는 열등감을 가지게 되며 자기에게 절망하게 된다. 그는 '나는 실패자이다'라고 생각하게 되기도 하며 실의에 빠져 자신감을 상실하기도 하고 '과거보다도 더욱

타인을 사랑하자

싫은 경험을 맛보는 것은 아닐까?'라고 두려워하게 될 것이다.

부모의 생각하는 방법이나 견해는 유아에게 있어 감정의 연쇄반응을 자동적으로 불러 일으키는 자극제이다. 그 때 '분노'는 의식적으로 체험하며 그밖의 감정은 잠재의식 속에서 계속해서 나타나는 것이다. 이 과정이 몇번 반복되면 그것은 하나의 전체가 되어서 잠재의식 속에 조절되는 것이다.

잠재의식이라고 하는 것은 때와 장소, 사람을 문제삼지 않기 때문에 분노→미움→절망→실패라고 하는 연쇄반응은 성장하는 유아의 일생에 계속 고통을 줄 것이다. 그것은 선생이나 고용주, 배우자 등 그와 가까운 사람들과 관계를 계속해 가면서 거듭해 간다. 이와 같은 사람들은 결과이며 그 원인은 유아기 시절, 부모와 연결된 감정인 것이다.

작용·반작용의 법칙에 의해서 분노는 또다른 분노를 낳는다. 우리들이 분노를 말이나 행동으로 표현한다면 다른 사람들로부터 마찬가지의 응답을 받을 것이다. 종교 등의 사회적인 조건 때문에 만약 우리가 적의나 공포심을 감추려고 한다면 그것은 자기 자신을 속이는 이외에 아무 것도 아니다. 우리들을 대하는 타인의 적의(敵意)에 찬 행위, 그것이 우리들의 적나라한 마음의 상태를 폭로하고 있다.

안으로 품은 분노는 그것이 해소되지 않는 한 여러가지 형태를 취해서 언젠가는 명백하게 나타날 것이다.' 여기에 3개의 예를 들어 보았다.

㉠ 육체의 질병

㉡ 적의(敵意)

㉢ 거짓 사랑과 친절

첫번째의 현상을 우리는 수없이 많이 치료해 왔다. 암시(暗示)를 통한, 전혀 약물을 사용하지 않는 치료방법으로 환자가 완쾌되는 것을 확인하였다. 각 개인의 의식(意識)이 암이나 위궤양, 심장병 그밖의 수많은 질병의 발생을 결정한다.

다른 한편으로는 많은 사람들이 적의(敵意)를 너무 강하게 지니고 있기 때문에 다른 사람과 좀처럼 잘 화합하지 않는 경우도 있다. 그들은 가정이나 직장 등 가는 곳마다 언제나 싸움을 일으킨다. 적의를 숨긴 채 겉으로 표현하지 않는 경우에도 그 적의는 외부로 나오는 것을 대기하고 있음에 불과하다. 따라서 그의 의식이 적당한 분출구를 발견하자 마자 분노는 즉시 폭발한다. 그 폭발한 분노는 책상을 내리치거나 돌멩이를 걷어차는 정도로 그칠 때도 있지만 인간에게 향할 경우에는 아내나 자식, 주위의 지나가는 사람 그리고 채권자 등이 물리적·정신적 피해를 당하는 경우도 있다.

　분노를 나타내는 세번째의 형태는 거짓 사랑과 친절이다. 아마도 현대사회에 있어 이것은 가장 일반적이다. 우리들은 사회적인 제약에 의해서 적의를 억제시키고 있다. 진정한 감정은 숨겨야만 한다고 우리들은 배워왔다. 그러나 부정적인 감정을 어떻게 정화하면 좋을까라는 것은 배우지 못했고 또 알지 못하기 때문에 우리들은 인생의 무대 위에서 감정에 충실한 연기자가 되어 왔다. 빼어난 아름다움과 부드러운 용모의 이면에는 미움이나 실패, 그리고 공포에 찬 마음이 있어 우리들은 이것을 애써 숨기고 있다. 그러나 위선은 언젠가는 폭로될 것이다.

　신혼부부는 누구를 막론하고 예외없이 상냥한 미소와 달콤한 입맞춤의 나날에 황홀해 하고 있다. 그러나 언젠가는 서로의 사이에 격렬한 폭발이 일어나는 날이 온다. 그들의 자식이 불구가 되거나 중병을 앓는 형태로 부모의 숨겨진 감정을 최악의 상태로 그려낼 수도 있다.

우리들은 저명한 의사들로부터 절망적이라고 선고받은 이와 같은 경우를 수없이 다루어서 놀랄 정도의 치료효과를 올려왔다. 우리들은 어린이들만을 대상으로 한 것이 아니고 그 아이가 겪고 있는 질병의 원인인 부모부터 치료를 시작했다.

평소에는 대단히 대인관계가 원만하며 여러가지 일에도 잘 순응하는 남자도 알코올이 들어가든지 직업을 해고당하거나 아니면 가장 사랑하는 그녀로부터 거절당하기라도 할 때에는 마치 다른 사람처럼 난폭하게 되는 경우가 있다. 심하게 격렬한 모습을 나타나지 않는다 하더라도 세일즈맨이 손님으로부터 주문을 거절당하기도 하며, 가정주부가 이웃집과 다투기도 하며, 친구가 되고 싶다고 생각하는 사람으로부터 역으로 미움을 받기도 하는 경우가 있을 것이다. 우리들의 내면의 감정은 실은 그것과는 관계가 없는 현재의 우리들의 생활권내 사람들에 의해서 표면화되는 것이다.

부모에 대해서 분노를 가지고 있어도 처음에는 그것이 발산되지 못하고 내면에 잠재해 있다가 점점 축적되어 극한의 시점에 도달하면 그 분노는 큰 규모로 폭발한다. 유

타인을 사랑하자

사이래 침략적인 국가들이나 민족적·종교적인 소수집단, 그리고 반대정당 등은 이 심리적인 움직임을 이용해서 목적을 달성해 왔다. 특히 강조할 것은 최초의 충돌이 일어나기 위해서는 분노나 공포가 '쌍방'이 작용해서 발생한다는 사실이다.

전쟁이나 대규모 갈등이 끝나면 그 근본원인이었던 집단적 적대심은 고요히 가라앉은 것 같이 보인다. 그러나 다음 세대가 성장해서 누적된 파괴감정을 폭발할 시기에 처하면 흉악한 용이 재차 머리를 쳐들고 오는 것처럼 피할 수 없는 갈등이 다시 발생한다. 부모의 교육열이 높으면 높을수록 특히 군사정권하의 나라나 독재국가에서는 전쟁이나 침략의 빈도가 많아진다.

우리들은 이 악순환을 국제적인 관계속에서 단절시켜 영속적인 세계평화를 실현하지 않으면 안된다. 그러나 그것을 극복하기 위한 지도원리(指導原理)가 존재하지 않는 지금은 개인 개인의 입장으로부터 그 원인을 규명하며 제거해 나가지 않으면 안된다. 우리들은 그러한 '분노'를 발생한 시점— 즉 잠재화하기 직전에 저지하여 정화하지 않으면 안된다. 그것은 이성적인 설명으로 설득시킴으로써 가능하게 될 것이다.

행복은 어디에서 오는가

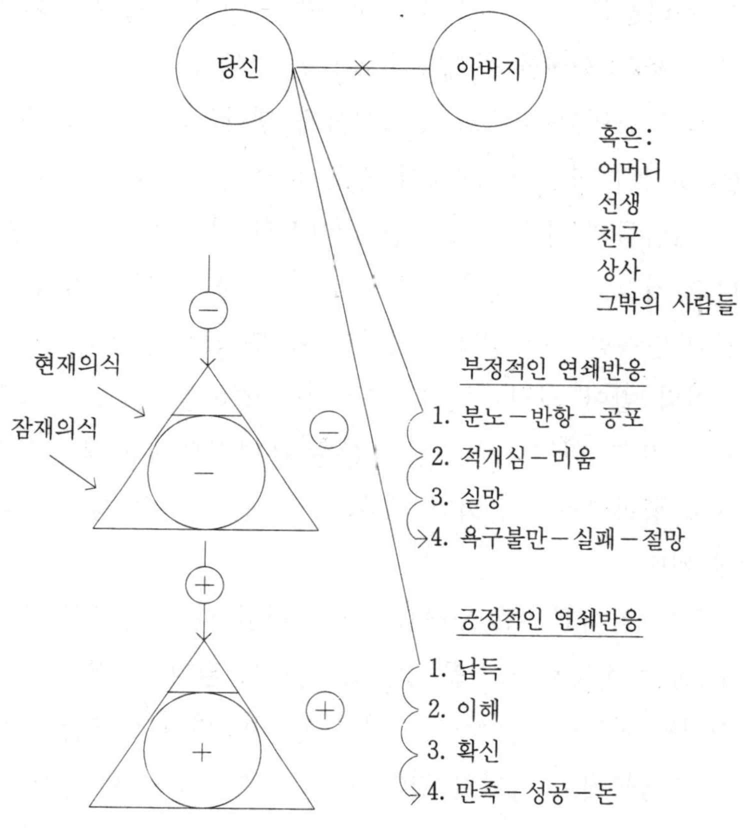

〈그림 2〉 분노의 제거

예를 들면 "상사나 배우자는 부친도 모친도 아니다."
라고 하는 것 "상대의 행동은 실은 선의로부터 우러나왔
다."고 하는 것, "상대의 태도는 그 사람 자신의 유형과
자기 자신의 감추어진 기대의 결과이다."라고 하는 것처

럼 우리들은 자기 자신을 이해하며 온화하고 풍부한 기분
으로 자기 자신을 유지하지 않으면 안된다.

이런 노력이 보편화되면 새롭게 생각하는 방법이 생겨
날 것이다. 인생에 대해서 자신이 생길 것이다. 특히 주
변 사람들의 태도가 호전됨에 따라서 이 길이 바른 길이
라고 자각하며 확신을 더욱 깊게 해준다. 그래서 결국 성
공과 만족을 우리들의 것이라고 할 수 있는 것이다.

이와 같이 해서 어둡고 부정적인 견해를, 밝고 적극적
인 것으로 바꿔나간다면 당신은 내면적으로도 외면적으
로도 평화로우며 온화한 하나의 새로운 습성을 몸에 지니
게 된다.

강한 인내심으로 노력을 계속해나갈 때 타인과의 관계
도 놀랄 정도로 즐거운 것으로 변하게 된다. 그것은 당신
자신의 이익이 될 뿐만 아니라 당신이 만나는 모든 사람
들의 행복에도 이어질 것이다. 그래서 그것은 세계평화를
위해서 국제적인 군축활동보다도 더욱 영속적인, 그래서
실제로 효과적인 협력을 하게 되는 것이다. 왜냐하면 '군
축감소'는 하나의 결과이기 때문이다. 그 결과가 역시 또
다른 결과에 지나지 않는 '전쟁'을 없애게 할 수는 없기
때문이다.

그와 같은 방법에 의해서 당신은 암이나 위궤양, 심장
병이나 그밖의 질병으로부터 확실하게 자기를 지킬 수 있

행복은 어디에서 오는가

게 될 것이다. 만약 당신이 병을 앓고 있다면 회복을 앞당길 수 있을 것이다. 왜냐하면 외국이 우리나라를 적대시하는 것 자체가 결과인 것과 마찬가지로 모든 병증세는 결과이기 때문이다. 의약이 하나의 질병을 정복하기가 무섭게 미지의 새로운 질병이 발견된다. 인류가 널리 이 진리를 알고 그리고 이 책에 서술한 법칙을 응용한다면 우리들은 어떤 종류의 질병으로부터도 해방되어 영원의 자유를 받아 누릴 수 있을 것이다.

여기서 또다시 당신 자신의 이야기로 돌아가 보자.

당신은 아내와 동료, 친구가 당신에게 비협조적이라고 생각하고 있을지도 모른다. 그러나 비협조적이라는 것은 실은 '다른 사람들과 마음이 서로 맞지 않다'고 하는 당신의 내부 신념의 반영이라고 하는 것을 명심하기 바란다. 그래서 이 신념은 훨씬 이전부터 존재하고 있었다는 것도 잊어서는 안된다. 어렸을 적 당신의 눈에는 어머니나 형제가 당신의 희망에 대해 부정적 태도나 행동으로 반대하고 있다고 생각했을지 모른다. 그런데 의외로 사실은 그렇지 않은 것이 아닐까? 특히 우리들이 어렸을 때에는 타인의 태도를 객관적으로가 아니고 표면적으로 해석한다. 그때문에 유아기의 완전히 주관적인 해석에 의해서 생겨난 공포나 기대를 우리들은 훗날의 결과로서 거둬들이지 않으면 안된다.

주변의 사람들이 비협조적으로 보이더라도 이면을 뒤집어 보면 실은 당신이 가지고 있는 '그들은 비협조적이다'라고 하는 신념의 지시대로 협력을 해주고 있는 것뿐이다. 당신이 이것을 자각하면 머지않아 주변에 대해서 훨씬 기분좋은 느낌을 가질 수 있게 될 것이다. '모두 나에게 협력해 주고 있다'고 당신 자신에게 계속 설득하라. 머지 않아서 당신이 어릴 적부터 갈구해 왔던 이해와 협력이 당신의 것이 될 것이다. 당신은 자기의 배우자를 기쁘게 하는 것이 불가능하다고 생각하거나 그(또는 그녀)가 투덜투덜 불평불만하는 것을 원망하고 있을지도 모른다.

원인을 생각해 보자. 혹시 그 원인은 당신의 유아기에 생겨난 신념일지도 모른다. 일찌기 당신은 열심히 노력했지만 부모로부터 인정받지 못한 것은 아닐까? '사람들로

행복은 어디에서 오는가

부터 기쁨을 받고 기쁨을 주는 것이 '안된다'고 하는 신념은 실례되는 말일지는 모르겠지만 '무엇을 해도 충분한 수입을 얻을 수가 없다'는가 '성(性)에 있어 만족할 수 없다'고 하는 상태를 만들어 낼 수도 있다. 의사로부터 성불구라고 오진받고 그것이 낫지 않는 경우는 대체로 앞에서 설명한 심적 태도가 개입하고 있는 것이다.

당신의 결혼상대가 단순한 결과에 지나지 않는다는 것을 자각하라. '나는 아내로부터도, 모두로부터도 기쁨을 받고 있다'고 자기 자신에게 암시해서 유형을 역전(逆轉)시키자. 우선 맨처음에는 작은 것부터 실행에 옮겨 이것을 실증하라. 그리고 거기서부터 전진해 가는 것이다.

또 반대의 경우 —당신의 배우자가 당신을 기쁘게 해주지 않을 때도 있을 것이다. 그것도 또한 당신의 유아기의 유형이 계속되고 있음에 불과하다. 당신은 자기 자신에게, 부모에게, 가정에 만족하지 못했음에 틀림없다. 당신이 이 사실에 눈을 뜰 때 결혼에 대한 당신의 감정은 아주 바뀔 것이다. 당신의 감정의 원인은 '그'라든가 '그녀'가 아닌 것이다.

행복이란, 가지고 싶은 것을 가진다든가, 되고 싶은 것이 된다든가, 하고 싶은 것을 함으로써 오는 것이 아니고 지금 가지고 있는 것, 지금 있는 자기, 지금 하고 있는 것을 당신이 좋아함으로써 생겨나는 것이다. 이것을 잊어서는 안된다.

당신의 마음은 당신속에 생겨난 새로운 만족감을 한층 복돋워 줄 것이다. 지금 당신이 얼마나 행복한가를 들려 주며 납득시키자. 머지않아 당신은 더욱 많은, 더욱 좋은 행운을 발견할 수 있을 것이다.

부모들은 자식의 애정을 잃어버릴 것을 두려워한 나머지 자식의 교육에 필요한 '엄격한 태도'를 그다지 취하지 않는다. 하지만 그런 교육태도는 결국 부모 자식 쌍방에게 상처를 준다. 부모는 부모대로 자존심과 자식들의 존경심을 잃으며 자식들은 부모가 되기 위한 훈련을 충분히 받지 않은 채 성인이 된다. 스스로 훈련을 겪어온 사람만이 다른 사람들을 현명하게 훈련할 수가 있는 것이다.

자식을 진정으로 사랑하는 부모는 자식의 행동을 이성적(理性的)인 규칙으로 규율(規律)한다. 자식은 부모에게 순종해야 하며 거기에 위반한 경우에는 어떤 벌이 주어지는가를 들려 준다. 이러한 방법으로 자식은 일찍부터 그들의 특권을 얻기 위해서는 스스로 노력하지 않으면 안된다는 것을 배운다. 베풀었을 때에는 '반드시' 그 댓가가 돌아온다는 것을 배우게 될 것이다. 만약 그 부모가 완고하고 엄하더라도 철저히 이와 같은 규칙을 끝까지 관철시키면 미움이라고 하는 것은 일어나지 않는다. 자기에게 무엇을 기대하며 왜 기대하고 있는가를 알고 있는 자식은 부모를 존경하며 사랑할 것이다.

또 당신은 '주변에서 나에게 마음을 쓰지 않고 냉담하기 때문'이라고 하는 구실을 붙여서 고독하고 슬프다고 생각하고 있을지도 모른다. 그러나 진정한 이유는 무엇일까? 어린 시절 놀이 친구들로부터 비웃음을 당하거나 동료들로부터 따돌림을 당하였을지도 모른다. 또 훨씬 어린 시절 형이나 아우가 당신을 대신해서 부모의 애정을 독점해왔기 때문인지도 모른다. 적어도 당신에게는 그렇게 보였다. 당신은 실제 당신 자신이 변화시킬 수 있는 사람은 자기 자신 이외에는 이 세상에 아무도 없다고 하는 것을 알지 못했다. 왜냐하면 인간은 그 사람 자신의 것밖에 독점할 수 없기 때문이다. 하여튼 어떤 경우이든지 간에 당신은 타인을 무서워하게 되었다. 외출하는 것을 무서워하게 되었다.

이와 같은 공포심은 이윽고 잠재의식 속에 깊이 자리잡고 있으면서 세일즈맨의 판매활동을, 미혼 여성의 결혼을, 종업원의 발전향상을 방해하는 역할을 해왔다. 당신이 고독하면 고독할수록 당신의 마음은 점점 혼자서 있고 싶어하는 구실을 찾아내는 것이다. '날씨가 좋지 않기 때문에'라든가, 파티에 초대되어도 '재미없기 때문에'라든가, 지금부터 만날 예정인 손님도 '물건을 살 의향이 없기 때문에' 등등으로 마음은 당신에게 속삭일지도 모른

타인을 사랑하자

다. 어떤 이유도 모두 표면의 이유이다. 사실은 당신 의식의 고독한 유형이 얼굴을 내밀고 있기 때문이다.

이러한 상태가 오래 계속되면 당신의 의식(意識)은 집안에만 있고 싶기 때문에 노이로제나 질병으로까지 당신 자신을 끌고 갈지도 모른다.

이 유형을 깨뜨리기 위해서는 새로운 습관을 쌓아 올리지 않으면 안된다.

가능하면 외출하라. 당신의 잠재의식(潛在意識)이 아무리 반발하더라도 사람들과 교제를 가져라. 당신 자신을 설득하라. 당신이 상대에게 받아들여지며, 그것에 의해서 행복을 느끼며 또 그것이 자기 자신의 성장에 좋은 기회라는 것을 마음에 명심하라. 처음에는 친구를 만들려고 하는 일에 당신은 위화감을 느낄지도 모른다. 그러나 그 느끼는 것 자체가 실은 진보의 징조인 것이다.

왜냐하면 우리들은 슬픔이나 빈곤, 실패 등 실제로 체험하고 익숙해진 것 중에서야말로 심신(心身)이 편안할 수 있기 때문이다. 지난날 불쾌하다고 느끼고 있던 것이 편안해지며 자연스럽게 될 때까지 초지(初志)를 관철하라. 사회생활 중에서 당신의 '고독'의 유형이 깨어져감에 따라서 직장 그밖의 생활의 장(場)에서 당신의 노력은 유익한 결과를 만들어 간다. 당신이 모든 면에 있어서 새롭고 보다 나은 생활을 즐길 수 있는 것도 시간문제인 것

행복은 어디에서 오는가

당신이 사교성이 풍부한 새로운 유형으로 변화해감에
따라 사람들이 지금까지와는 달리 얼마나 당신에게 호의
적(好意的)으로 대접하는가를 관찰하라. 그렇게 하면 탤
런트나 정치가, 성직자들이 어떻게 해서 수많은 팬이나
숭배자를 가지고 있는지에 대해서 알게 될 것이다. 그들
은 사람들을 사랑한다. 그러므로 사람들이 그들을 사랑하
지 않고는 못 배기는 것이 당연하다. 연령, 학력, 경험,
용모는 하등의 문제가 되지 않는다. 문제인 것은 당신이
자기 자신과 타인에 대해서 어떻게 생각하며 어떻게 느끼
는가 하는 것이다. 그것만이 중요한 문제이다.

여기에서 한마디 주의(注意)할 사항은 사람을 '좋아하
자' '사랑하자'고 하며 노력하는 과정에서 우리들은 자칫

타인을 사랑하자

하면 상대방이 제의하는 대로 그대로 따라가기 쉽다고 하
는 것이다.

있는 그대로 말해버리면 우리들은 교제를 원할 경우 상
대의 애정이나 흥미를 잃어버릴 것을 두려워 한다. 그 때
문에 자기로서는 이해할 수 없는 충고를 받기도 하며, 싫
어하는 옷을 사입기도 하며, 뭔가 다른 곳에 유효하게 쓸
수 있는 시간을 낭비하기도 하며, 유쾌하지 못한 처사를
받아들이기도 한다.

만약 친구의 충고가 바르다고 생각될 때에는 감사하며
그것을 받아들이자. 그러나 그렇지 못하다고 생각되면 자
기에 있어서 무엇이 최선인가는 자기 자신만이 알고 있다
고 하는 사실에 생각이 미치지 않으면 안된다. 기분 나빠
할 필요는 없다. 정중하게 그러나 확실한 태도로 당신이
상대의 호의에 감사하고 있다는 것을 알리자. 당신이 당
신 자신이라는 권리를 주장하는 것과 마찬가지로 그가 그
라는 것을 존중하자. 정직한 것이 최고의 살아가는 방법
이다. 이와 같이 교제를 계속해가면 당신에게 감사하며
당신으로부터 떠나지 않고 당신을 존경하는 친구들이 결
국 당신의 곁에 모여들 것이다.

다음에 사람들과의 교제에서 당신의 사랑과 존경을 나
타내는 방법을 들어보자.

1. 시간을 지키며 어떤 일에라도 신뢰감을 줄 것.
2. 깊게 사고(思考)할 것.
3. 성실할 것.

이와 같은 태도를 취하면 상대는 반드시 성의를 가지고 응해줄 것이다.

어느 사업가의 예를 들어보자. 그는 고객의 지불이 늦어지는 것을 언제나 불만으로 생각하고 있었다. 그러나 그 당사자 자신도 약속 시간에 늦기도 하며 지불의무를 지연하는 단정하지 못한 습관이 있었던 것이다. 우리들은 우선 그 자신이 그 습관을 바꾸도록 말했다. 그렇게 하고 나서 멀지않아 고객은 기일내에 지불을 하게 되었으며 그는 기뻐했다. 고객들은 특히 지불을 재촉당했거나 그의 습관이 바뀌었다고 하는 것을 미리 들은 적은 결코 없었다.
결국 베푼 것만큼 돌아오는 것이다.

'하면된다'고 생각하자

　이미 알고 있는 것처럼 당신의 마음은 당신이 신념(信念)하고 있는 것밖에 생산해 내지 못한다. 따라서 목표에 도달하기 위해서는 자기의 능력에 알맞는 목표의식을 당신의 마음에 이해시키지 않으면 안된다.

　예를 들면 당신이 160킬로미터를 걷고 싶다고 가정하자. 당신은 지금까지 그렇게 먼 거리를 걸은 적이 없다. 그러나 과거에 9킬로미터를 한꺼번에 걸은 적이 있다고 하자. 그 정도 걸을 수 있다는 것은 당신의 마음이 알고 있다. 그렇기 때문에 거기서부터 출발하지 않으면 안된다. 당신이 당신의 마음에 부여하는 이유는 어디까지나 개인적이며 당신에게 있어서 진실하지 않으면 안된다. 이렇게해서 점차로 먼 거리를 계속 걸어감에 있어서 당신의 의식은 한 단계 한 단계 계속 자신감이 높아져서 드디어 목적지에 도달할 것이다.

이것과 마찬가지로 당신이 1억을 모으려고 생각하고 있다면 그것은 지금의 당신 마음에는 너무나도 피상적인 것이어서 믿기 어려울지도 모른다. 그러나 당신이 "나는 지금까지 연간 5백만 원에서 1천만 원 정도는 저축해왔으며 지금도 그러하다."고 하는 생각에 미쳤을 때 당신의 마음은 반발할 수가 없다. 이와 같이 해서 당신은 자신의 능력을 점차로 높혀가는 것이 가능하다. '나로서는 할 수 없다'든가 '그것은 불가능하다'고 말할 때에 당신은 당신 자신을 실패의 방향으로 끌고 가는 것에 지나지 않는다.

예를 들면 시내에 나간다고 하는 일상적인 행위에 있어서 당신이 가볍게 '할 수 없다'라고 하는 말을 입밖에 내면 그것은 잠재의식에 침잠해서 지금까지 이미 저축해온 가지 가지의 '할 수 없다'와 결합해서 예기하지 못하는 순간 당신에게 부정적 영향을 줄 것이다. 혹시 당신은 이런 것으로 판매에 실패하며, 승진에서 제외되며, 결혼의 기회를 놓칠지도 모른다.

우리들은 모두 부모나 학교의 교육에 그리고 인류가 쌓아온 문화유산에 의해서 어느 종류의 절대적인 전제를 진리로 받아들이도록 학습 받아왔다. 이 학습의 과정에서 우리들은 가끔씩 진리로부터 외면을 당하고 있다. 걷는

'하면된다'고 생각하자

것을 기억한 어린아이 도미는 일부러 멈추어서서 “나는
걸을 수 있어요.”라고 그 자신에게 들려주거나 하지는 않
는다. 자기가 걸을 수 있다는 것을 그는 알고 있기 때문
이다.

그런데 만약 넘어져서 다리를 부러뜨리기라도 하면 급
히 달려온 의사는 “당신은 걸을 수 없어요”라고 말할 것
이다. 인간의 신체건강에 관해서 도미는 의사의 권위를
의심하지 않도록 배워왔기 때문에 그는 그 진단을 결정적
인 것으로 믿을 것이다. 그러나 그가 알지 못하는 사실
중에는 부러진 다리로 돌아다니는 에스키모 인이나 아프
리카 원주민이 있다는 사실이다. 그 사람들은 부러진 다
리로 걷는 것이 불가능하다고 생각해 본 적이 없다.

더욱이 우리들은 균형잡힌 영양을 섭취하지 않으면 건
강을 유지할 수 없다든가 어느 병에 걸리면 회복 불가능
하다는 등등을 배워왔다. 또 앞에 서술한 것과 같이 조그
마한 체구의 중년 여성이 무거운 자동차를 들어 올린다는
것은 도저히 불가능하다고 믿어왔다. 그러나 제1부 1−1
의 예와 같이 ‘가능’한가 ‘불가능’한가는 완전히 우리들
개인의 의식(意識)에 달려 있는 것이다.

사실은 어떤 것일까라는 것에 얽매이지 않고 상상력을
구사할 수 있는 사람은 완전히 위대한 인물이다. 왜냐하
면 그의 마음은 ‘기적’이라고 부를 수 있는 것을 창안해

행복은 어디에서 오는가

내기 때문이다. 그러나 그것과 마찬가지로 혹은 그 이상
으로 위대한 사람들은 사실에 관계되는 지식을 현명하게
척척 구사(驅使)하며 자기의 한계를 한 걸음 한 걸음 넘
어서 미지의 분야를 개척해 가는 사람이다.

수 년에 걸쳐서 당신의 잠재의식(潛在意識)에 축적되어
온 '나는 할 수 없다'고 하는 생각을 한꺼번에 씻어 없앨
수는 없다. 그러므로 '나는…을 할 수가 있다'고 말하는
것이 꽤 어려운 것이다. "과거 경험의 부정적인 패턴을
이제 더 이상 반복할 필요는 없다."고 하는 것을 논리적
으로 자기의 마음에 이해시키는 것이 되지 않을 때에는
그것은 더욱 곤란하게 될 것이다. 그러나 당신이 변화를
바란다면 그것은 지금부터라도 시작할 수 있다. "나는 외
출할 수 없다."고 단언하는 것이 아니라 "외출할 수 있
다. 그렇지만 외출하기에는 내일이 더욱 좋은 날이다."라
고 말하라.

지금 당신의 마음은 '나는 이미 성공하고 있다'고 하는
확신을 아직 완전히 받아들일 수 없을지도 모른다. 그렇
지만 당신의 마음은 지금까지의 자기의 체험과 능력을 뒤
돌아보며 "나는 쉽게 실패하지는 않을 것이다"라든가
"나는 그리 쉽게는 지지 않을 것이다"라고 선언하는 것
은 가능할 것이다. 이와 같이 해서 당신은 부정을 긍정으
로 점차로 전환해 가는 것이 가능한 것이다.

'하면된다'고 생각하자

　모든 사람이 "그것은 불가능하다"고 말할 때조차도 누군가가 "아니 가능하다"고 단호히 주장하며 모두의 앞에서서 드디어 그것을 실현해 보이는 것이다. '무엇인가 팔고 싶은 것이 있다'고 말하는 사실이야말로 '살 상대가 어딘가에 있다'고 하는 증거이다. 해결할 수 없는 문제도 달성할 수 없는 희망도 존재하지 않는다.

　이와 같은 원리에 의해서 생각과 말의 힘을 구사해서 행동하면 멀지 않아 당신은 '목표를 달성한다'고 하는 습관을 몸에 익히게 될 것이다. 그리고 이 원리를 알지 못했기 때문에 지금까지 당신이 완전히 체념하고 있었던 목적지에도 반드시 도착할 것임에 틀림없다.

행복은 어디에서 오는가

모든 것을 선(善)으로 보자

　우리들은 어린시절부터 행동이나 사물에 대해서 '저것은 좋다. 이것은 나쁘다'고 하는 판단을 배워왔다. 그때문에 우리들 어른의 세계에는 선·악 두 종류의 모습이 반영되어 있다. 그러므로 대부분의 인간은 조심스럽게 말하여도 욕구불만을 일으킨다. 가치판단에 일관성이 없으면 감정에 있어서나 경험에 있어서 가지가지의 모순이 나타난다.

　구체적으로 말하면 만약 당신이 일에 불만족할 경우 다른 직장으로 바꾸어도 불만은 한층 심해질 뿐이다. 마음은 공평무사(公平無私)하다. 그것은 당신의 감정이나 판단을 기록하며 긍정적으로도 부정적으로도 당신이 그렇게 느끼기 위한 이유를 끊임없이 찾아내 준다.

　'시간을 낭비하고 있다'든가 '자기 능력 이하의 일이다'라고 불평하는 대신에 '귀중한 경험과 전문적인 공부를 할 수 있다'고 감사하자. '이 일이 나에게 꼭 알맞으며 일도 자기를 원하고 있다'고 생각하자. 자기 자신이 납득할 수 있을 때까지 계속 설득하며 포기해서는 안된다. 이러한 마음가짐이 한층 유리한 취직의 기회를 반드시 부여해 줄 것이다. 당신은 낡은 실패의 패턴을 깨뜨린 것이다.

　지금보다 더욱 행복한 미래를 즐기기 위해서는 우리들은 지금까지의 태도를 변화시키는 것을 배우지 않으면 안된다. 당신은 '이기적'인 마음에서 타인을 비난하는 것을 배워왔을지도 모른다. 그러나 과연 이기적(利己的)인 것이 정말로 나쁜 것일까?

　작은 복숭아의 씨앗을 생각해 보자. 땅에 뿌려진 씨앗은 살아가기 위해서 땅속으로부터 수분과 미네랄을 흡수하지 않으면 안된다. 발아(發芽)한 후에는 토양뿐만 아니라 태양과 공기로부터도 양분을 섭취하기 위해서 다른 식물과 경쟁한다. 수많은 시간에 걸쳐서 고생한 끝에 생존 경쟁에 이겨서 복숭아의 씨앗은 드디어 한 그루의 나무가 된다. 그래서 겨우 이번에는 '베품'의 시기를 맞이한다. 그러나 처음의 결실은 보잘것없을 것이다. 한 개 아니면 겨우 두 개의 작은 열매를 생산할 뿐이다.

　이와 같이 이기적으로 살아온 식물은 나무가 되고나서

행복은 어디에서 오는가

도 한층 이기적으로 된다. 깊게 뿌리를 확장시키며 물과 양분을 빨아들이고, 가지들은 빛과 공기를 흡수하기 위해서 뻗어나가며 무성하게 자란다. 이 작고 이기적인 복숭아의 씨앗은 천천히 그러나 확실히 큰 나무로까지 성장해서 셀 수도 없을 정도의 복숭아를 해마다 가지가 휘어지게 열매맺는다. 이 복숭아 씨앗이 계속 성장해서 몇백만 그루의 복숭아 나무를 키우며 몇천억의 복숭아를 열매 맺게 할 것이다. 최초의 한 개의 낟알이 이기적이지 않았더라면 이와 같은 은혜는 도대체 어디로부터 생겨나오는 것일까?

또 역으로 만약 이 복숭아의 씨앗이 이기적이기를 포기해서 생육에 필요한 정당한 몫을 다른 씨앗이 빼앗는 대로 가만히 있었다면 그 열매는 볼 품 없고 비뚤어진, 겨우 2~3개의 복숭아뿐이었을 것이다.

이러한 관점에서 본다면 이기적인 것도 어느 의미에서는 충분히 가치 있는 것이라는 것에 당신은 동의(同意)할 것이다. 이기적인 것이 반드시 나쁘다고는 할 수 없다.

이상까지는 누구든 인정할 것이라고 생각한다. 그러면 전쟁은 어떨까? 우리들이 제2부 4장에서 나타내보인 것처럼 전쟁에서조차도 그 목적을 가지고 있다. 예를 들면 제2차 세계대전을 보다 긴 안목을 생각해 본다면 승리한

모든 것을 선(善)으로 보자

쪽이 전쟁이 재해(災害)는 훨씬 많았다고 하는 것을 쉽게 알 수 있다.

전후(戰後)의 국제연합의 탄생, 개발도상국의 공업화, 여러 나라의 민주화 그리고 사상 초유의 과학발달 등은 전쟁이 야기한 집단학살, 문맹, 질병, 기아 등 인류의 불행을 보상하고 남음이 있으며 수십억의 사람들에게 이익을 가져오는 결과가 되었다. 또 원자에너지를 이용한 치료방법에 의해서 도움받은 사람의 숫자는 히로시마(廣島) 나가사끼(長崎)에서 원폭(原爆)으로 희생된 사람들의 숫자보다도 훨씬 더 많다.

그러면 질병은 어떤가? 앞에서 서술한 것처럼 질병도 마찬가지로 의식표현의 하나이기 때문에 그런 의미에서 유익하다고 말할 수 있다. 질병이 존재하고 있기 때문에 사람들은 의학을 통해서 그 치료법을 추구한다. 나아가서 인체라고 하는 것을 한층 잘 이해하고 있다. 또 건강하지 못한 때 건강의 은혜에 감사하는 것을 가르쳐 준다. 마치 빈민가가 현대적인 도시의 아름다움을 가르쳐 주는 것처럼…. 우리들이 '악'이라고 부르고 있는 것은 즐겁고 바람직한 상태를 깨닫게 하며 그리고 인류의 진보를 향해서 노력하는 것을 가르쳐 주기 때문에 그 의미는 실제로 큰 목적을 가지고 있는 것이다. 때문에 질병도 실은 선(善)인 것이다.

행복은 어디에서 오는가

　그러면 윤리, 도덕은 어떠한가? 우리는 어떤 사람이라
도 어떤 것이라도 비난해서는 안된다. 누군가를 또, 무언
가를 비난하는 사람들에게 동조하는 것도 좋지 않을 것이
다. 왜냐하면 잠재의식이라고 하는 것은 자타(自他)의 구
별없이 타인에 대해서 당신이 말하거나 생각하는 것을 그
대로 당신 자신에게 적용하기 때문이다. 당신이 “그는 바
보스러운 놈이다.”라고 말하면 그 말은 “나는 어리석은
놈이다.”라고 번역되어서 결국 당신의 신상에 되돌아 올
것이다.

　당신이 지금 당신의 과거를 회상(回想)해 본다면, 한때
는 슬픔의 밑바닥을 헤매다가 마침내 승리를 얻은 적지
않은 기억을 가지고 있을 것이다. 손수 하던 일을 완성하
지 못한 채 직장을 잃어버린 것이 결과적으로는 보다 더

모든 것을 선(善)으로 보자

큰 기회의 길을 열어준 적도 있었을 것이다. 또 누군가가 당신을 속인 적도 있었을 것이다. 그때 억울해 하면서 당신은 그 사람들을 원망하며 저주했다. 그러는 가운데 그들에게 대하는 당신의 마음도 변했을 것이다.

하지만 그런 일들에서 당신 자신이 가지고 있던 손실이나 공포의 의식이 사태를 일으킨, 적어도 일부분임을 자각하자. 이와 같은 일은 모두 중요한 교훈으로서 당신을 한층 향상시켜 현명하게 해 줄 것이다.

'무지(無知)'로부터 '이해'로 당신은 서서히 나아갔다. 불행으로 생각했던 것이 큰 행복으로 변하였다. 마치 파괴에 사용된 원자력이 평화목적에 응용되기 시작한 것처럼….

일찍이 어린아이였던 당신이 지금은 적어도 육체적으로는 어른이다. 그러나 인간으로서의 당신은 언제라도 동일한 당신이다. 이것과 마찬가지로 '악'이라고 생각할 수 있는 것도 모두 '선'으로 확대해석함이 가능하다. 왜냐하면 지금까지 어떤 일이라도 실제 이와 같이 변하여 왔기 때문이다. 즉 모든 것이 '선'인 것이다.

세금과 물가는 상승했을지도 모른다. 그러나 당신의 지불능력도 증가해 왔다. 한편 비관론자들이 몇십 년에 걸쳐서 예언해온 것과는 정반대로 우리들 인간은 풍요로움에 있어서 자유에 있어서 기회에 있어서 한층 행복을 누

행복은 어디에서 오는가

리고 있다.

당신의 의식을 '선'으로 향하게 하기 위해서는 당신 자신의 생활속에서 배우자의 생활속에서 아름다운 점을 발견해 내어 그것을 자각(自覺)하라. 기억력의 나쁨을 한탄하는 대신에 간단히 생각해낼 수 있는 여러가지 일에 생각을 집중하자. 그리고 '나는 기억력이 좋다'고 자기 자신에게 분명히 말하자. 항상 사물을 가능한 한 기억해 낼 수 있도록 노력하자. 이와 같이 강한 인내심으로 노력하면 당신은 반드시 성공할 것이다.

작용 반작용의 법칙은 어떤 경우에도 어떤 장소에서도 적용되고 있다. 오늘 당신이 타인을 비난하는 마음의 홈을 판다면 가령 머리속에서 그렇게 생각한 것뿐이었어도 당신은 타인으로부터 —비록 지금까지 만난 적이 없는 사람으로부터라도— 비난을 받게 될 것이다. 그러므로 진정한 의미에서 자기본위(自己本位)로 생각을 하더라도 우리들은 타인에게 관대(寬大)해야 할 필요가 있다.

행위에 있어서도 마찬가지이다. 친절한 행위이든 악의 있는 행위이든 주어진 것이 반드시 돌아온다는 것은 더이상 새삼스럽게 설명할 것까지도 없다.

이것은 국제적으로도 들어맞는 진리이다. 예를 들면 영국은 체코슬로바키아와 체결한 원조협정을 1938년에 위반했다. 그런데 1956년 수에즈 위기때 영국은 미국으로

모든 것을 선(善)으로 보자

부터 원조를 거절당해 그 작은 나라 체코슬로바키아가 맛본 고통과 같은 것을 경험했다.

훨씬 이전 미국은 이유의 옳고 그름을 막론하고 여러 나라들을 비난한 적이 있다. 그래서 현재 선의(善意)의 많은 미국인들은 우호관계를 지녀온 다른 나라들로부터 자기들이 왜 비난받는가 그 이유도 모르는 채 곤혹을 당하고 있다. 사실 옛날 선조들이 저지른 행위의 죄값을 지금 받고 있는 것이다.

그것과 마찬가지로 우리들 한 사람 한 사람도 과거에 있어서의 태도나 행위의 결과를 현재 받으면서 기뻐하기도 하고 슬퍼하기도 하는 것이다. 한 개인이 자기변혁을 실현하기 위해서 노력하면 새로운 결과가 반드시 나타나는 것이기 때문에 한 나라의 정책을 수정하면 마찬가지로 상상(想像) 이상의 이익을 유도해 내는 것이 가능할 것이다. 그리고 그 이익은 몇 세기에 걸쳐서 진보나 평화, 번영의 은혜를 인류에게 공급해줌에 틀림없다.

이상 서술해온 것을 만약 당신이 받아들인다면 오직 '선(善)'만이 당신을 찾아올 것이다. 쓸데없는 걱정을 하고 있을 여유가 없다. 당신은 인생을 즐기며 그 은혜와 경이로움을 누리면서 살아가는 것이 재미있고 기뻐서 황홀해할 것이다.

행복은 어디에서 오는가

시작했으면 끝까지 하자

　　사람들은 대체로 큰 꿈을 마음속에 그린다. 그러나 그것을 실현하는 사람은 극히 드물다. 꿈이 실현될 수 없는 큰 이유의 하나는 지식이나 능력, 노력이 부족한 것이 아니고 유아기에 형성된 습관이 영향을 끼치고 있기 때문이다.

　　어린시절 게임이나 놀이 그밖에 어린이들에게 있어서 중요한 활동에 한창 열중하고 있는 때에 갑자기 부모나 선생님으로부터 놀이를 못하게 꾸중들은 어린이는 훗날에 학교를 중퇴하거나, 장래 유망한 지위를 포기하기도 한다. 이들은 어린시절의 부정적 의식의 결과로서 그들의 잠재의식은 '아무 것도 완성하지 못한다'고 하는 유형에 적용되어 가고 있는 것이다.

　세월이 흘러 이 유형은 그들이 인생의 목표에 도달하는 것을 방해받게 될 것이다. 그들은 '타인'이나 아니면 스스로 자기 통제를 못하는 '장애'를 느낄 것이다. 그렇지 않으면 잠재적인 습관에 지배되어 자기 자신이 일부러 실패하도록 행동하고 결심하며 부적당한 행위를 할지도 모른다.

　이와 같이 본의 아닌 행위를 저질러 버리는 또 하나의 원인 중에는 부모로부터의 영향에 기인하는 예도 흔히 볼 수 있다.

　어린이가 가장 가지고 싶어하는 사탕이나 자전거 등을 부모가 '나쁜 것'이라고 어린이에게 가르쳐 왔다고 하자. 이와 같은 조건을 붙이면 그는 나중에라도 자기에게 이익이 되는 것도 받아들이지 않고 계속 거부할 것이다.

　일반적으로 이 패턴에 속하는 사람은 자기의 행동에 대해서 충분한 이유를 말한다. 예를 들면 '나는 이제 더 이

행복은 어디에서 오는가

상 이 직장에서는 견딜 수 없다'든가 '승진할 기회가 없다'든가 하는 것처럼……. 그런 사람은 꿈속에서조차 만난 여성과의 약혼이 깨어지면 "그녀와 나 사이에는 공통점이 아무 것도 없었다."고 설명할지도 모른다. 나중에 그는 자기가 저지른 어리석은 행위를 한탄하며 운명이나 자기 자신을 저주하겠지만 그 원인이 자기의 잠재의식 속에 있던 패턴이라는 사실을 알아차리지는 못한다.

결혼할 자격이란, 성공한 사람만이 갖추는 것이라고 굳게 믿고 있는 남자가 있다고 하자. 성공이라고 하는 것은 그의 부모에 있어서는 금전이었다. 그에게는 돈이 없었기 때문에 그는 약혼자를 만날 것을 거부했다. 그는 자기도 모르는 사이에 부모로부터 이어받은 잠재의식의 지시에 따랐을 뿐이다.

우리들은 이것과 비슷한 경우를 취급했다. 한 여성이 있었다. 그녀는 아버지로부터 "결혼 상대로는 반드시 정치가를 선택해야 한다."고 하는 말에 깊이 영향을 받고 있었다. 그렇게 말하는 이유는 그녀의 아버지 자신이 잘못된 결혼을 해서 그때문에 정계(政界)에 들어갈 수 없었다고 생각하고 있었기 때문이다. 그 결과로서 그녀의 잠재의식은 결혼생활을 엉망으로 하도록 해온 것이다. 몇사람의 정신의학자가 그녀를 치료했지만 모두 실패로 끝났다. 그러나 우리들로부터 불행의 근본원인을 지적당한 그녀는 부친의 영향으로 분열되어 있던 자기 자신에게 이별을 고하고 행복한 가정의 주부가 되었다.

　노래를 부르는 것처럼 최면술사로부터 암시를 받은 사람은 자기의 행동에 있어서 본래의 잠재적 원인―이 경우는 최면술사의 명령이지만―과는 전혀 관계가 없는 이유를 들어서 그것을 정확하게 설명한다. 이것과 마찬가지로 우리들의 이성(理性)은 실제로는 잠재적 원인에 의해서 일어난 행동을 이따금씩 근거가 없는 표현으로 합리화하는 것이다.

　마음에 의해서 만들어진 유형은 수원지로부터 바다에로 강의 밑바닥을 긁어내면서 흘러가는 강물과 같은 것이기 때문에 그 흐름을 희망하는 방향으로 전환하는 데에는 강력한 힘이 요구된다.

　여기에서 당신이 지금 손수 다루고 있는 것을 모두 완성하기 위해서는 당신 자신을 강압하는 것에서부터 시작하지 않으면 안된다. 우선 비교적 작은 일, 예를 들면 '편지를 쓴다'고 하는 일이나 '잔디를 깎는다'고 하는 일에서부터 시작하자. 지금까지 시작해 놓은 일을 전부 최후까지 완수하자. 가능하면 빨리 완성시켜야 한다. '한다'고 말을 한 것은 반드시 끝까지 해내는 것이다. 예를 들면 자기가 옷을 갈아 입으려고 했을 때에는 누구에게도, 어떤 일에도 방해를 받아서는 안된다.

　당신이 '사업을 일으키자'고 뜻을 세우고 '지금까지와 같은 좌절은 이제 더 이상 결코 용서하지 않는다.'고 당신의 마음에 맹세했다면, 마음에 그려진 계획이 아무리 큰 것이라 해도 또 어떠한 종류의 것이든지간에 마음은 당신이 기획한 사업을 자동적으로 수행하기 위해서 충실한 오른팔이 되어줄 것이다.

'풍요롭게' 살아가자

대개의 사람들은 자기가 가지고 있는 돈이, 시간이, 정력이, 운이 얼마나 적은 것인가 하고 고통스러워 하며 심각하게 생각한다. 그렇게함으로로써 그들은 자기가 자기의 감옥을 만들어 가고 있다. 그 감옥은 일단 들어가면 나오는 것이 점점 어려워진다. 짐작한 대로 투자가 되지 않았다든지 예상한 월급인상이 실현되지 않았다든지 하면 그들은 그 실패를 증권업자나 중개인 또는 상사 등의 탓으로 돌릴 것이다. 그러나 근본원인은 그런데 있는 것이 아니라 '나는 언제나 무일푼이다'라고 하는 자기 자신의 말에 있는 것이다.

지난주 그 중요한 상담을 하러 가는 도중에 당신이 교통체증으로 빠져 나갈 수 없었던 것은 우연히 일어난 일

행복은 어디에서 오는가

이 아니다. 당신이 항상 반복해서 말한 '나는 시간이 부족하다'고 하는 말에 원인이 있는 것이다.

'나는 가난하다'며 전전긍긍하는 대신에 가령 단돈 천 원이라도 자기가 현금을 얼마 가지고 있는가를 확실히 자각하라. 돈을 차분하게 응시하자. 그리고 실감하라. 집안의 눈에 잘 보이는 곳에 두고 "나에게는 옷을 사기 위하여(책이나 노트를 사기 위해서) 마련해둔 돈이 이렇게 있다."고 말한다면 당신의 마음은 그것에 반발할 수가 없을 것이다. 이러한 방법으로 당신의 마음을 자기의 편으로 만들어 가자. 마음은 상승적으로 작용해서 당신의 현금수입을 높여줌에 틀림없다.

당신이 항상 '빌린 돈'을 마음에 그리고 있으면 당연히 역효과를 가져온다. "하나의 지불이 끝나면 또 다른 지불이 생겨나서 곤란하다."고 말하는 사람 가운데서 자기가

'풍요롭게' 살아가자

도대체 무엇을 하고 있는가를 아는 사람은 극히 드물 것
이다. 그들은 "자기가 돈을 가지는 것은 오직 단순히 지
불의 의무를 가볍게 하기 위해서이다."라고 자기에게 약
속하고 있다. 그렇기 때문에 그들의 마음은 자꾸자꾸 빌
린 돈을 만들어 내며 풍요로운 생활을 위하여 돈을 쓸 여
유를 주지 않는다.

끊임없이 계속되는 경제적 부담으로부터 해방되기 위
해서는 '지불'이라고 하는 말을 당신의 사전에서 지워버
려라. 그것을 '베푼다'고 하는 말로 바꾸어 놓자. 당신에
게 청구된 금액을 지불할 때마다 '나는 박애주의자이며
돈을 지불함에 따라서 많은 사람들에게 일거리나 건강,
기쁨, 교육을 베풀고 있는 것이다'라고 생각하라. 베품이
야말로 반드시 베품을 되돌려 받을 수 있는 수단이 된다.

"나는 천 원을 쓸 때마다 항상 이천 원의 이익을 본
다."고 말하며 그렇게 생각하며 더욱이 그렇게 느끼도록
당신 자신을 훈련하자. 이와 같이 노력하면 항상 수입 이
상으로 분에 넘치게 소비한다고 하는 당신의 나쁜 생각을
바뀌게 할 것이다. 이러한 유형이 지극히 보편적이기는
하지만 개인이나 국가의 부채를 조금씩 조금씩 증대시켜
온 원인이 되었다. 국가예산의 불균형을 바로잡기 위해서
이 새로운 실천방법을 대단히 큰 규모로 채용한다면 세계
의 최정상의 경제학자들이 주창(主唱)하는 급진적인 경

행복은 어디에서 오는가

제정책보다도 더욱 효과적으로 기능을 발휘할 것이다. 왜
냐하면 그들의 경제이론은 '적자'에 촛점을 맞추기 때문
에 결과적으로 단순히 그 누적(累積)을 조장하는 것에 불
과하기 때문이다.

　모든 면에 있어서 풍요로움을 의식하도록 하자. 당신이
"나는 이미 막대한 돈을 가지고 있다."고 하는 것을 믿을
수 없을 때에는 세계 제1의 큰 부자의 손에 있는 수십억
달러의 돈을 상상하며 그것에 의식(意識)을 집중하자. 자
기 자신을 그 큰 부자의 입장에 세워 보자. 그리고 그들
과 같이 느끼고 생각하며 행동하는 것을 배워가자. 미합
중국의 금년도 국민총생산액은 1억 8천만 달러를 넘었을
것이다. 당신이 이 거대한 부의 적어도 한 부분을 소유하
고 있으며 그 혜택을 받고 있다고 하는 사실은 부정할 수
없다.

　돈의 문제는 그만두고라도 당신의 몸속에는 60조의 세
포가 있다. 지금 이 순간에 당신은 공기 중의 미분자를
수십억이나 들이쉬고 있다. 하늘에 떠 있는 많은 구름,
천체에 반짝이는 수백만의 별을 마음에 새겨두자.

　풍요로움으로 자기 환경을 꾸미자. 한 번에 물건 한 개
사는 대신에 비누나 우유를 몇 통, 화장지를 몇 개, 손수
건을 몇 장 구입하자. 버터를 빵에 바를 때, 접시에 요리

'풍요롭게' 살아가자

를 담을 때, 외출할 때 인색한 마음을 버리자. 의상의 종류를 고루 갖추자. 이전에는 사는 것을 삼가해온 것도 몇 점씩 하나하나 모아가자. 가령 가진 돈이 얼마 안된다고 하자. 자기의 돈이 보다 나은 생활을 위해서 사용된 사실을 당신의 마음에 인식시키는 것이다. 멀지 않아 당신의 마음이 이 풍요로운 목적을 위해서 차츰차츰 돈을 만들어 내줄 것이다.

화폐제도가 만들어진 초기부터 인간은 '물건의 값이 너무 비싸다'고 생각해 왔다. 이 생각이 가격의 상승을 더욱 조장해 왔다. '무엇을 사더라도 돈이 필요하다'고 생각하는 대신에 '약간의 돈으로 항상 이렇게 많이 살 수 있다'는 식으로 생각을 바꾸지 않으면 안된다. 상점이나 음식점 등 당신의 눈에 띄는 곳에서 그 서비스나 편리함, 품질이나 양 등에 대해서 생각해보면 지금 서술한 것처럼 마음의 자세를 바꾸는 것은 쉬운 일이라고 생각한다. 이와 같이 노력해가면 머지않아 당신은 품질이나 양에 있어서도 더욱 좋은 결과를 얻을 수가 있을 것이다. 이와 같은 마음의 태도는 인플레 현상조차도 멈출 수가 있을 것이다.

만약 당신에게 낚시나 여행, 글을 쓸 시간이 없다면 그 책임은 당신 자신에게 있다는 것을 알아야만 한다. 당신은 현대사회에서 너무나도 유행하고 있는 병적인 '돈부족' '물질부족'과 비슷한 '시간부족'의 패턴에 휘말려 들어간 것이다. 이 경향을 역전시키느냐 마느냐는 적어도 당신 자신을 위한 당신의 노력에 달려있다. 서두르지 말고 차분히 살아갈 것을 지금 결심하자. 자기의 시간을 만들려고 노력하자. 일찍이 거기에 실패하여 시간을 헛되이 보내어 버린 적이 있어도 괜찮다.

만약 하루 중 불과 1분간만이라도 여유의 시간을 맛볼 수 있다면 당신은 올바른 방향으로 나아가기 시작한 것이다. 결심한 대로 계속해가면 마음은 상승적으로 작용해서 당신이 언제나 하고 싶다고 원하고 있던 것을 위해서 틀림없이 시간을 마련해 줄 것이다.

당신은 의식적 또는 무의식적으로 부모를 본받아 온 결과, 앞뒤 생각없이 무턱대고 일만 하는 습관을 몸에 익혔는지도 모른다. 그렇다면 당신에게 있어서 긴장을 풀고 놀이를 즐기는 것은 대단히 어렵게 되는 것이다. 잠재의식(潛在意識)은 변화를 좋아하지 않으며 변화하려고 하는 노력에는 저항을 나타낸다. 그러므로 이 경우에는 당신의 잠재의식은 의식적인 형태로서 '일없이 놀거나 즐기거나 하는 것은 성공으로부터 멀어지는 것이다'라고 당신을 설득하려고 하는지도 모른다. 혹은 당신이 '끊임없이 무언가와 경쟁하고 있는 듯한 것을 그만두고 가족을 충분히

'풍요롭게' 살아가자

즐겁게 하고 싶다'고 생각하는 것만으로도 당신에게 죄악감을 품게 할지도 모른다.

이와 같은 원리를 이해하면 자신의 마음의 눈을 뜨는 것은 비교적 쉬운 일이라고 하는 것을 알게 된다. 자기 자신과 납득(納得)이 갈 때까지 차분하게 이야기 하자. 당신에게도 웃는다거나 놀이를 한다거나 할 권리가 있는 것이다. 당신의 마음도 몸도 낡은 습관으로부터 벗어나는 것을 바라고 있다. 만약 당신의 마음이 일하는 것만 안다면, 당신이 장래에 할 수 있는 일이란 오직 그것뿐일 것이다. 그렇지만 만약 즐거운 시간을 갖는다는 것을 배우면 악착스럽게 일만 하는 버릇이나 이상야릇한 불안으로부터 당신 자신을 한걸음 한걸음 자유롭게 할 것이다. '놀면 놀수록 점점 더 돈을 버는 일이다'라고 당신 자신에게 설득하라. 그러는 가운데 당신의 생활은 정착하기 시작하며 지금보다 훨씬 기분이 좋아질 것이다. 거기서부터 수입을 포함한 생활의 일체가 향상하기 시작한다.

당신이 자기 자신을 끊임없이 거래하고 있는 하나의 금융거래소의 중심이라고 생각함에 따라서 돈은 지금까지 당신을 지배하고 있던 힘을 잃어버릴 것이다. 돈을 그냥 묶어두지 말라. 서비스해준 사람에게는 충분히 감사를 표하자. 팁도 넉넉하게 내어놓자. 지불은 좋은 기분으로 하

자. 아무런 댓가없이 다른 사람에게 물건을 부탁하지 않
도록 하자. 다만 당신이 역으로 사례없이 서비스해주는
경우는 별도이다. '돈은 온 세상을 돌고 도는 것'이라고
생각하며 두려워하지 말고 계획대로 사용하면 돈은 당신
의 하녀가 되어 당신에게 자유와 기쁨을 주며 그리고 지
금까지의 꿈에 그려온 이상의 것을 실현할 수 있다고 확
신시켜 줄 것이다.

돈에만 의지해서는 안된다. 돈에 의지한 마음을 버렸을
때 잠재의식은 더욱 그 밖에 있는 여러가지의 방법에 의
해서 당신이 하고자 하는 것을 가져다 줄 것이다.

우리들의 손님 가운데에 자기의 수입이 적다는 이유로
가족이 늘어나며 성장해도 '새로운 집을 마련한다고 하는
것은 도저히 불가능하다'며 체념하고 있던 사람이 있었
다. 우리들은 가령 수입이 많지 않더라도 그 문제는 해결
가능하다고 그에게 확신시켰다. 불과 몇주일 후에 그는
친구인 투자가들이 장래의 수입을 예상해서 구입한 새 집
으로 이사해서 관리해 줄 것을 의뢰받았다. 그 댓가로 집
세는 반액으로 줄어 들었다.

당신은 어렸을 적, 심부름을 해주고 대신에 받은 돈으
로 저금한 돈을 누군가에게 빼앗긴 적이 있을지도 모른
다. 이러한 일이 있으면 당신의 잠재의식은 '나는 돈을
가지고 있을 수가 없다'고 굳게 결심해 버린다. 따라서

'풍요롭게' 살아가자

당신이 성공하려고 노력해도 잠재의식은 철저히 당신의 흥정을 방해하기도 하며 승진하는 것을 저지할 것이다.

혹은 또, 저금을 해서 안정된 생활이 확립된 것처럼 보이게 되었을 때 사고(事故)나 소송사건이나 또는 질병, 그밖의 돌발사건을 일으키는 적이 있을 것이다. 이와 같은 경우에는 '나는 돈을 가질 수 있다. 그리고 실제 가지고 있다'고 거듭 반복해서 자기 암시를 해서 그것을 잠재의식이 받아들이게 될 때까지 한참동안 특별한 노력을 해서 저축하는 것이 중요하다.

당신이 만약 '어쩐지 잠을 잘 이룰 수 없다'든가 '피곤해서 견딜 수 없다'고 불평을 말하는 습관을 가지고 있다면 이것도 역시 무의식(無意識)중에 기억한 것이다. 당신이 자기의 정력이 부족함에 푸념을 하면 할수록 정력은 점점 감퇴될 뿐이다.

　몸이 통증을 느낄 때 우리들은 건강할 때 이상으로 집중된 에너지를 필요로 한다. 그것과 마찬가지로 몸의 피곤함을 불평해 보아도 아무런 도움도 되지 않는 것은 물론, 오히려 푸념만 더 해갈 뿐일 것이다. 제아무리 몸의 상태가 나쁘게 느껴지더라도 당신의 체내에는 에너지가 있지 않은가. 그 생명(에너지)에 생각을 집중하라. 생명에 대해서 이야기하자. 운동을 해서 몸을 움직여 보라. 근육이나 정맥, 몸 전체를 통해서 물결치는 생명이 절실하게 느껴질 것이다. 그리고 거기에 감사하자.

　돈이나 시간, 에너지, 아이디어 등 당신이 지금 가지고 있는 것을 더욱 자유롭게 사용하면 사용할수록 당신의 마음은 오히려 그 이상의 것을 공급해줄 것이다. 의사가 단념한 그 빈혈증의 손님과 마찬가지로 머지않아 당신은 적어도 친구들 가운데서 가장 건강한 사람과 비슷한 정도의 활동력을 당신의 것으로 만들 것이다.

　고통을 느끼는 환부(患部)에 마음의 촛점을 맞추어서는 안된다. 신체중에서 어딘가 그밖의 건강한 부분에 생각을 집중시키자. 문제는 속으로 앓고 있어서는 안된다. 직면한 문제는 역으로 당신의 능력을 시험하며 단련해 주는 도전자(挑戰者)라고 생각하자. 당신을 성가시게 하는 일에 구애되지 말고 즐거운 일을 크게 기뻐하자.

'풍요롭게' 살아가자

잠재의식에 있어서는 내일도 어제도 없다. 있는 것은 '여기'와 '지금'뿐이다. 이 순간에 필요한 돈과 에너지와 지혜가 이미 당신에게 주어져 있다는 것을 자각하면 다음에 오는 것도 반드시 만족스러운 결과를 얻을 것이다. 당신은 1초 1초를 살아가는 것 외에는 없는 것이다. 이 1초 1초가 더욱 보람있고 더욱 만족스러운 것으로 되기를 확실하게 마음에 새겨두자.

눈을 감고 당신의 눈앞에 잡초가 무성하게 자란 토지와 장미의 꽃밭을 마음속에 그려보자. 잡초는 당신이 아직 지불하지 못한 청구서나 눈앞의 문제 그리고 건강하지 못한 역경 등의 상징이다. 한편 장미는 당신의 행복이나 행운, 돈, 건강을 대표하고 있다. 당신이 불쾌한 것에 대해서 생각한다든지 이야기한다든지 할 때마다 당신은 잡초에 물을 주며 장미꽃을 말려가는 것이 된다. 그러나 당신이 자기가 가진 '풍요로움'에 마음을 집중하고 있으면 잡초를 없애가면서 장미를 아름답게 키워가고 있는 것이다. 당신은 당신이 지금부터 무엇을 어떻게 실천해 갈 것인가에 대해서 벌써 알고 있는 듯한 느낌이 들 것이다.

행복은 어디에서 오는가

타협하지 말자

대부분의 사람들은 최고의 목표를 설정하지 않고 그 일
보 직전에서 적당히 타협하는 것이 습관이며 또 그러한
방식으로 살아왔다. 제1부의 마크의 경우처럼 그들은 다
른 사람들로부터 따돌림을 당하는 것을 당연한 것으로 생
각하며 살아간다. 어릴 적 보통 이하의 식사나 의복, 교
육에 만족하지 않으면 안되었기 때문에 그들의 마음은 구
태의연하게 보통 이하의 상태에 자기를 놓아두고 있는 것
이다. 인생의 과정에서 장소나 사람, 환경은 변하겠지만
잠재적으로 우리들은 자기가 태어나서 자라난 가정으로
부터 한 걸음도 밖으로 벗어나지 못하고 있다.

마크와 같은 남자가 레스토랑에서 가장 좋은 자리를 차
지할 것을 주장할 때 잠재의식은 그의 주장에 반대하며

직접적으로 또는 주변의 사람들을 통해서 더욱 구석자리
에 앉을 것을 요구할지도 모른다. 백화점에서 멋있는 양
복을 사려고 하면 그의 내부의 적(敵)은 "나에게는 이것
은 너무나 비싸다"고 속삭여서 죄책감조차 느끼게 할지
도 모른다.

만약 당신이 지금 이 마크의 입장에 있다면 굴복해서는
안된다. 당신이 그 '최고의 물건'을 소유할 만한 가치가
있다는 것을 주장하면 되지 않은가. 인생에 있어서 '최고'
를 손에 넣기 위해서는 비교적 작은 것에서 자기에게 최
고의 것이 주어지도록 훈련을 시작하자.

환경이 갖춰지고 수입도 충분히 될 때까지 기다릴 작정
으로는 진보는 기대할 수 없다. 당신이 항상 소망해온 유
럽 여행의 비용이 조달될 때까지 기다리는 대신에 주말의
뱃놀이나 짧은 기간의 여행이라도 해서 '여행'에 익숙해

행복은 어디에서 오는가

지자. 이와 같은 노력을 거듭 계속한 다음에 "상당히 많이 여행했다, 유럽에도 갈 수 있다. 가까운 어느날 가야지." 하고 자기에게 속삭이면 당신의 마음은 그 말을 믿을 것이다. 잠재의식은 자동적으로 움직이기 시작해서 목적지에 갈 수 있도록 당신을 도와줄 것이다. 이와 같이 노력을 계속해 가는 도중에 당신은 반드시 염원(念願)속의 대장정 비용을 마련할 수 있게 될 것이다.

만약 당신이 "밖에서 식사를 한다든가, 좋아하는 음식을 매일 먹을 수 있는 여유가 없다."고 하는 생각이 들면 적어도 주1회는 밖에서 저녁식사를 하는 것부터 시작하라. 그날밤은 여느 때와 같이 햄버거로 대용하지 말고 당신의 결핍의식을 타파하는 것이다. 느긋하게 부자인 것 같은 기분으로 외출하여 시내에서 가장 좋은 레스토랑에 들어가라. 좋아하는 스테이크를 주문하라. 평상시의 수준보다 몇 달러는 초과로 지불하게 될 것이다. 그렇지만 당신의 행위는 당신이 사치에 대해서 느끼고 있는 죄악감을 바꾸어 주는 유익한 효과를 가지고 있기 때문에 백만 달러보다 더 가치가 있는 것이다. 이윽고 이와 같은 유쾌한 기분을 가지는 기회는 점점 증가해서 당신은 인생을 더욱 즐기게 될 것이다.

이것과 동일한 방법으로 주택이나 교통수단, 그리고 오락 등의 수준을 개선해 가면 당신의 의식(意識)도 비약적으로 고양(高揚)되어 갈 것이다. 오직 하나 주의해 주었으면 하는 것이 있다. 만약 당신의 마음이 '맥주'에 어울리는 생활에 길들여져 있는 경우에는 당신이 염원하는 '샴페인'의 맛으로 하루만에 조절하는 것은 무리일 것이다. 당신의 마음이 1개월에 50만 원의 생활에 익숙해져 있을 때 당신이 원하는 매월 백만 원이나 2백만 원의 생활을 영위하기 위해서는 마음이 계통적이며 단계적인 과정을 거쳐서 나아가는 것이 필요하다.

또 당신이 지금까지 고정봉급으로 생활하며 중요한 저축이나 자산을 가지고 있지 않는 경우에는 갑자기 고액의 중개료 제도의 세일즈맨 신분으로 변화하는 것은 무모하다. 그것은 몸을 식히는 준비를 하지 않고 갑자기 얼음과 같은 물에 뛰어드는 것과 같은 것이다. 당신이 자기의 판매능력에 충분한 자신을 가질 수 있게 될 때까지 시간제 근무에서 장사의 기법을 배워라. 그리고 나서 지금까지의 일을 그만두고 판매에 전념(專念)하라. 진리의 위대함은 다음과 같은 점에서 잘 나타나 있다.

잠재의식(潛在意識)이 당신에게 돈을 부여해 줄 경우에는 그것이 천 원이든지 만 원이든지간에 같다고 하는 것이다. 필요한 것은 정확하게 방향을 바로 잡도록 이끄는 것뿐이다.

그러므로 언제든지 일류를 지향하도록 항상 명심하고

행복은 어디에서 오는가

있으면 당신은 자기의 마음을 훈련할 수 있다. 이윽고 직
장이나 사회생활, 가정내에 있어서도 반드시 그것에 어울
리는 대우가 약속될 것이다. 당신은 어떤 고급도 또 어떠
한 최상의 것을 원하여도 좋은 것이다. 당신이 결코 타협
하지 않는다는 것을 알았을 때 당신의 마음은 처음으로
당신에게 있어서 참으로 최고의 것을 부여해줄 것이다.
극장에서 값싼 좌석을 잡는다거나 2류의 물건으로 급한
대로 대용할 때마다 당신은 '나는 돈이 없다'고 마음에
알리고 있는 격이다. 그래서 다음의 기회에는 당신의 수
중에는 더욱 적은 돈이 있을 것이다. 또 당신이 주변으로
부터 혹사당할 때마다 '결국 나는 대단한 사람이 아니다.'
라고 당신의 잠재의식에 신호를 보내고 있는 것이다. 앞
으로 더욱 심한 처사를 당하여도 당신은 타인을 꾸짖는
일은 할 수가 없다. 그것과 마찬가지로 사람을 무시한다
거나 속인다거나 약속을 지키지 않는다거나 하는 것은 그
당사자의 잠재의식 속에 타인이 그렇게 하도록 명령하고
있는 것과 마찬가지이다.

이제 이것으로 당신은 자기의 환경을 지배하는데 있어
서 어떻게 하면 좋을 것인가 이해하였을 것이다. 아이디
어나, 부, 시간 그리고 기회를 당신의 것으로 만들기 위
해서는 외부의 것에 의지할 필요는 없는 것이다. 이것이
자각(自覺)된다면 당신은 '신념(信念)을 가진 사람'으로

타협하지 말자

다시 태어날 것이다. 자신감과 만족감이 솟아나서 타인이
나 환경에 지배되어온 과거의 모든 공포로부터 당신은 영
원히 해방될 것임에 틀림없다.

행복은 어디에서 오는가

인내심을 가지자

많은 사람들은 '인내(忍耐)'라고 하는 것을 그다지 경험하지 않았다. 그때문에 그들은 불필요한 핸디캡을 가지고 있다. 자기의 목적이 이루어지지 않는 것은 '타인이나 환경 탓이다'라고 생각하며 또 기대한 사건이 발생하는 것이 너무나 늦기 때문에 '이익을 놓칠지도 모른다'는 등의 생각에 두려워하며 그 신념(信念)에 지배당하고 있는 것이다. 이러한 상태로는 장애는 계속해서 일어나며 지연(遲延)됨이 점점 더 길어지는 것은 당연하다.

타인에 대해서 베풀어진 행위는 —성급한 언동(言動)도— 언젠가는 반드시 우리들에게 그 영향이 되돌아 온다. 이것이 '마음의 법칙:mental law'이다. 그러므로 이미 알고 있는 바와 마찬가지로 우리들이 화를 내면 그 과

보(果報)는 반드시 최초의 상대로부터 되돌아온다고만은 볼 수 없다.

앞을 달리는 자동차가 안절부절 못하고 있을 때 당신은 장래(將來)에 물건을 사러 온 손님이 조급증을 내어서 상품설명 도중에 자리를 일어선다거나 배우자가 당신을 이해하려고 하지 않는 듯한 장면을 연상(連想)하고 있을지도 모른다.

여기서 '인내(忍耐)'의 필요성을 확실하게 보여주고 있다. 다른 사람에게 안절부절 못하는 것은 성격이 급한 사람이 화를 내는 것과 마찬가지로 우리들이 상대를 이해해 주지 않는 것에 원인이 있으며 그때문에 역으로 상대가 안절부절 못하고 있을지도 모른다.

타인에 대해서 인내심이 강한 것과 마찬가지로 혹은 그 이상으로 중요한 것은 자기 자신에 대해서 인내심이 강해

행복은 어디에서 오는가

야 한다. 당신의 의식은 오늘 형성된 것이 아니라는 것을 잊어서는 안된다. 당신이 만들어 내려고 하는 새로운 습관이나 신념은 갓난아기와 흡사하다. 갓난아기가 어른처럼 걸을 수 없다든가 말할 수 없다고 해서 꾸중을 듣기라도 하면 반드시 실망낙담(失望落膽)하는 것과 마찬가지로 당신의 내부에 싹튼 이 '새로운 생활 방식'에 대하여는 인내와 연습 그리고 이해심이 있는 격려가 필요한 것이다.

당신은 새로운 씨앗을 심었다. 그렇지만 한참동안은 낡은 신념과 행동의 결과를 거둬들이지 않으면 안된다. 당신이 지금까지 품고 있던 사고(事故)나 도난, 투쟁 등의 공포심은(표면의 의식으로부터 숨겨져 있어서 자각하지 못하더라도) 그것에 상응하는 경험을 당연시해서 계속 나타날지도 모른다. 그러나 그와 같은 때에도 실망해서는 안된다. 오히려 그것이 일어난 것을 기뻐하자. 왜냐하면 구상화된 그 사건에 의해서 당신의 잠재적 신념은 표현되어 영구히 사라져버렸기 때문이다. 당신은 당황하여 허둥대거나 실망낙담하거나 공포에 시달리는 듯한 어리석음을 거듭해서는 안된다. 더욱 좋은 날들이 당신의 눈앞에 가까이 다가오고 있다는 것을 연상하자.

파종(播種)을 끝마친 농부처럼 기다리자. 그는 새삼스레 씨앗을 파내어서 자라고 있는가 어떤가를 확인한다거나 하지는 않는다. 그는 밭을 갈고 물을 주면서 마침내는

인내심을 가지자

자연의 섭리에 맡길 뿐이다.

　새로운 의식(意識)을 자기의 것으로 만드는 과정에서 주의하지 않으면 안되는 것이 있다. 그것은 어릴 적에 배운 것만큼이나 마음의 기억에 가장 깊은 샘을 파는 일이다. 그러므로 노력에 의해서 의식이 변화하려고 하는 바로 그때, 낡은 기억들이 선명하게 되살아나는 것이다. 마치 그것은 노인이 젊은 날의 에피소드를 정확히 기억해내는 것과 같다. 당신이 극히 최근에 있어서 얻은 신념이나 경험은 현재의식과 잠재의식의 중간에 있는 계층의 윗부분이든지 혹은 그 약간 아래의 낮은 곳에 새겨져 있다.

　우선 외부사람과의 관계는 개선될 것이다. 그러나 배우자와는 한참동안 싸움이 계속될지도 모른다. 그 이유는 두 사람이 지난날 형성된 서로의 뿌리깊은 미움을 반영하고 있기 때문이며, 또 그 미움은 아마 어린시절 부모나 가까운 사람과의 관계에서 형성된 것이기 때문이다.

　가끔씩 당신은 일이나, 약혼자나, 결혼에 대해서 그다지 유쾌하지 않게 생각하고 있는 것이 있을지도 모른다. 그러나 단념해서는 안된다. 당신 자신을 설득하라. 당신의 내부 깊은 곳에서 현재 계속해서 일어나고 있는 성장의 과정에 대해서 깊게 생각해 보자. 갓난아이는 하룻밤새 어른이 될 수 없다. 씨앗이 한 그루의 나무로 성장하

행복은 어디에서 오는가

는 데에도 몇년이나 걸리지 않는가.

한밤중은 밤으로서 가장 어두운 때이다. 그러나 그 1초 후에는 이미 새로운 날이 시작되고 있는 것이다. 멀지 않아 당신은 밝아오는 여명을 볼 수 있음에 틀림없다.

당신 자신을 고치 속에 있는 번데기와 비교해 보자. 번데기는 나비가 되고 싶어서 견딜 수가 없을 것이다. 그러나 자립하기 위해서 필요한 영양분이나 힘이나 성장을 모두 갖출 때까지 번데기는 고치를 깨뜨리고 자유롭게 될 수가 없다. 그 최적(最適)의 시간보다 1초 빨리 자유롭게 되었다고 해도 번데기는 죽어버릴 것이다.

그것과 마찬가지로 지금의 당신이 존재하기 위해서는 과거의 모든 경험이나 모든 사람들의 실패까지도 포함한 인생의 모든 흥망성쇠와 우여곡절이 필요했던 것이다. 당신이 지금 누구이며, 무엇을 하고 있으며 어디에 있다고 해도 번데기가 나비가 되기 위해서 필요한 양분을 흡수하듯 당신도 꾸준히 그렇게 해왔으며 그리고 지금도 계속 흡수하고 있는 것이다.

당신의 가족을 믿고, 직장을 믿고, 당신 자신을 믿어라. 인생의 한가운데서 가치있는 것, 아름다운 것, 훌륭한 것을 찾아내어 그것을 실감하자. 그리고 무엇보다도 더 잠재의식을 좌우하는 당신 내부의 '영감(靈感)'을 믿어라. 당신이 무언가에 절망한다든지 욕구불만을 일으키는 것

인내심을 가지자

은 당신의 내부에 그 영감(靈感)이 있기 때문이다. 그 영감은 항상 끊임없이 당신의 진보나 향상에 필요한 사람이나 장소나 환경으로 당신을 인도해 줄 것이다. 당신의 신상에 일어나는 모든 것을 통해서(지금 이 책의 이 페이지를 읽고 있는 순간까지도) 당신은 자기의 생각이나 감정, 언어, 행동을 더욱 유익하게 사용할 수 있도록 안내를 받고 있는 것이다. 이와 같은 생각을 가지면 일찍이 당신의 적으로서 움직이고 있던 잠재의식은 당신의 친구가 되어 줄 것이다. 그래서 당신의 불안은 확신으로 변하며, 실패는 성공으로, 미움은 사랑으로, 결핍은 충족과 풍부함으로, 슬픔은 행복으로 바뀌어가는 것은 틀림없는 사실이다.

당신에게 있어서 진리(眞理)인 것은 길거리의 거지에게도, 억만장자에게도, 학생에게도, 연못을 파는 인부에게도 그리고 정치가에게도 들어맞는 것이며 또 아메리카 사람, 스페인 사람, 일본 사람, 러시아 사람…모든 사람들에게 있어서도 진리일 것이다. 이 사실을 알면 당신의 인내심이 더욱 강해질 것임에 틀림없다. 매일매일을 최상의 컨디션으로 살아갈 때 당신은 지금까지 상상도 못한 이해와 확신으로 가슴벅찰 것이다. 그 확신이 깊어짐에 따라 생활은 더욱 윤택해지며 사람들은 점점 더 당신을 신뢰하게 될 것이다.

인생은 시계의 추나 바다의 파도처럼 극단에서 극단으

행복은 어디에서 오는가

로 흔들거리며 움직인다. 만약 당신이 지금까지 불행하다든지 실패로 인하여 재기불능하게 되어 실의의 나락에 빠져 있다고 해도 용기를 내자. 일각일각이 다시 태어나는 순간들이다. 지금의 당신이 되기까지는 수십 년의 세월이 흘러 지나갔다. 그러나 행복한 삶으로, 새로운 당신으로, 더욱 위대한 당신으로 다시 태어나는 데에는 보다 짧은 기간으로 충분하다. 왜냐하면,

1. '풍부한 것' '좋은 것' '성공하는 것' '행복한 것'은 당신이나 모든 살아있는 생물에게는 자연적으로 갖추어져 있는 것이기 때문이다. 우리들은 단지 그 반대를 배워 왔을 뿐이다.

2. 의식(意識)을 고양시켜서 자기가 바라는 높은 곳 어디까지라도 올라가기 위해서는 어떻게 하면 좋을까. 당신은 이미 그것을 잘 알고 있다고 생각한다. 정말로 그것은 당신에게 있어서 '자연스러움'으로 돌아가는 것이기 때문에 어려울 까닭이 없다.

사람을 부러워해서는 안된다. 부러워하면 더욱 부러워하지 않으면 안되는 환경을 당신은 계속해서 만들어 나간다. 당신보다 더욱 부자인 친구가 있을지도 모른다. 그러나 지혜에 있어서 마음의 평안에 있어서 능력에 있어서 당신은 그보다도 뛰어날지도 모른다. 누구나 자기 이외의

인내심을 가지자

사람이 자기보다 머리가 영리한 것처럼 보일 수도 있을 것이다. 그러나 당신은 그보다 더욱 밝은 성격의 소유자이다. 인생은 공평(公平)하다. 무엇인가가 부족하면 무엇인가는 풍부하다. 무엇인가가 넉넉하면 무엇인가는 모자라는 법이다.

사람을 슬프게 해서는 안된다. 슬프게 하면 언젠가는 당신이 다른 사람들로부터 슬픔을 당하게 될 것이다. 당신 주위의 사람들도 당신과 마찬가지로 진보의 과정에 있는 것이다. 당신이 만나는 한 사람 한 사람은 현재의 당신, 과거의 당신, 또는 미래의 당신의 어느 쪽인가를 떠올리고 있는 것이다.

사물(事物)을 생각하는 방법이나 다루는 방법에 있어서 인간은 각기 다를 것이다. 그러나 실제로 우리들 모두는 크나큰 전체의 일부분이며 같은 집단이다. 우리들을 분리할 수 있는 것은 오직 하나─그것은 우리들의 ‘마음’인 것이다.

당신은 자기가 걸어온, 언뜻 보기에는 변덕스러운 인생에 대해서 이상하게 여기고 있을지도 모른다. 그러나 다음과 같이 생각해보면 당신의 마음은 반드시 편안할 것이다.

당신의 몸을 구성하고 있는 원자속의 소립자는 태양 주위의 혹성의 운행, 더 나아가 은하계 우주내의 태양계의

행복은 어디에서 오는가

운행까지도 지배하는 경탄할 만한 신비력에 의해서 움직이고 있다. 만약 이 우주 가운데 극소와 극대의 것이 이와 같은 불변의 법칙과 질서있는 움직임에 의해서 동시에 살아가고 있다고 한다면 필연적으로 하나의 결론이 유도되어 나온다. ─인간은 이 질서있는 우주의 중간에 위치하는 구성요소라고 생각되기 때문에 우리들도 또한 그것과 마찬가지인 질서와 법칙에 다라서 살아가고 있는 것이다. 충분한 지식을 갖추지 않고서는 이것을 분명히 이해하기가 힘들지도 모른다. 우리들은 몇 개의 실례(實例)를 소개하면서 사고(事故)라고 불리워지는 것조차 의식(意識)의 법칙에 의해 지배당하고 있다는 것을 증명해왔다. 그러므로 이 책을 읽고 있는 사람들은 부디 마음을 편안하게 가져주기 바란다. 당신들은 지금 있어야 할 곳에서 있어야 할 때에 해야 할 일을 하고 있는 것이기 때문이다.

  우리들이 서술해온 것을 그대로 실행한다면 당신은 당신의 의식을 나날이 고양시켜가는 것이 가능할 것이다. 마음은 새롭게 다시 태어나며 당신은 과거의 틀린 신념이나 공포로부터 해방될 것이다. 누구도 그 어떠한 것도 당신을 방해하지 못할 것이다. 사람들은 모든 것을 '선(善)'이라고 보는 당신에게 끌리어서 반드시 따라올 것이다.
  당신은 지위나 돈, 기회를 잃어버릴 때가 있을지도 모

인내심을 가지자

른다. 그러나 당신의 잠재의식 속에 있는 '만족'과 '안정'의 파장은 무수히 흐르는 지류(채널) 가운데서 어느 것인가를 골라서 더욱 훌륭한 지위를, 더욱 많은 돈을, 보다 큰 기회를 당신을 위해서 마련해줌에 틀림없다.

지금 당신이 처해있는 상황과 당신이 꿈에 그리는 행복한 미래와의 사이에 설사 너무나 큰 차이가 있다고 하더라도 우리들이 서술한 것을 당신이 받아들인다면 그것은 당신을 도우며 반드시 그 중간역할을 해줄 것이다.

불굴(不屈)의 정신으로 강한 인내심으로 노력하면 당신에게 실패는 있을 수 없다.

행복은 어디에서 오는가